AF474295

[DÉ]PÔT LÉGAL
[Seine]
[N]° 314
1885

Souvenirs personnels sur Alexandre Dumas

13185

Ln 27
35760

SOUVENIRS PERSONNELS

SUR

ALEXANDRE DUMAS

PARIS

MARCHAL & BILLARD, LIBRAIRES-ÉDITEURS

27, PLACE DAUPHINE, 27

1885

Souvenirs personnels

SUR

ALEXANDRE DUMAS

Au jour où l'on inaugure la statue du grand romancier, il est permis, à ses vrais amis, de prendre la parole. Jeter un jour nouveau sur cette loyale et vivante figure, en montrant le grand écrivain dans ses rapports avec ceux que l'on a connu dans sa ville natale, est un devoir.

Tant de gens qui paraissaient faire peu de cas de l'éminent écrivain de son vivant, s'apercevant après sa mort qu'il était bien difficile de le remplacer, sont devenus ses amis posthumes. Celui qui écrit les souvenirs dont cette préface est l'introduction n'est pas un ami du lendemain, c'est un témoin de la vie de ce conteur si charmant, de cet homme à l'imagination puissante, qui remua le sol historique, et porta jusque dans les plus humbles chaumières, les noms glorieux de l'histoire de France.

Notre époque est avide de petits détails sur les hommes célèbres et sur leurs habitudes. En effet, tout ce que ces grands esprits ont touché, nous donne une idée de leur manière de concevoir leurs œuvres. C'est ainsi que le cabinet de travail de Walter Scott, décrit par M. Lockart, indique assez quelles étaient les habitudes et les manières favorites du célèbre écossais.

De même pour Alexandre Dumas. La façon dont il accueillait ceux qui se mettaient sous ses auspices, nous montrera tout ce qu'il y avait de bonté et de charme dans ce conteur si puissant, qui a fait du roman une sorte d'épopée, entraînant le lecteur dans le tourbillon d'un récit émouvant.

Le roman, en effet, est de tous les temps, et en cela comme en beaucoup de choses, notre siècle n'a rien inventé. Que ce soit le cycle de la *Table Ronde*, les romances et vaduries du *Trouvère*, c'est toujours le besoin de quitter une vie parsemée de misères, qui inspire les conteurs.

Il faut en effet, ne pas toujours lire dans ce livre de la vie dont Lamartine a dit :

> **Le livre de la vie est le livre suprême,**
> **Qu'on ne peut ni fermer ni rouvrir à son choix.**
> **Le passage attachant ne s'y lit par deux fois,**
> **Mais le feuillet fatal se tourne de lui-même.**
> **On voudrait revenir à la page où l'on aime,**
> **Et la page où l'on meurt est déjà sous nos [doigts.**

C'est pour arrêter ce feuillet fatal, que le roman a été créé. Quand le romancier vous entraîne à sa suite dans le domaine de l'histoire, le roman acquiert une vitalité plus grande encore. Que ce soit la Reine Margot ou le Chevalier de Maison-Rouge, Ange Pitou ou Monte-Cristo, Henri III et sa cour, ou d'Artagnan et les mousquetaires, ce sont des hommes qui ont vécu, que l'imagination du conteur évoque devant nous.

On a reproché à Alexandre Dumas d'être inexact ; mais qui peut se piquer de retracer des tableaux fidèles du temps passé ! L'imperfection humaine nous condamne à voir notre temps à travers les hommes et les choses du passé, et ceux là sont le plus près de la vérité qui, doués d'une imagination débordante, vont soulever et agiter les vêtements de pierre des hommes d'autrefois. Cette imagination elle-même, sait s'alimenter aux sources les plus diverses et les plus humbles et tel petit fait inaperçu de la masse du public est le germe qui, sous le souffle puissant du maître, devient la fleur éclatante que tous veulent respirer.

Dans cette préface, c'est Dumas à Villers-Cotterêts que nous allons esquisser, en attendant que dans le corps du livre lui-même, les faits, groupés par un témoin oculaire, viennent donner, à l'exquisse, la netteté de lignes d'un dessin achevé

Dumas,est né à Villers-Cotterêts,le 24 juillet 1802. Son père, le général républicain, Alexandre Dumas, est fils du marquis Davy de la Pailleterie et d'une négresse Tiennette Dumas, que plusieurs biographes font à tort la mère de Dumas lui même.

Sa mère, c'est mademoiselle Labouret. Un touchant souvenir préside à la naissance de l'écrivain. Son père n'est que simple dragon ; il est amoureux de la fille du maître d'hôtel. Mademoiselle Labouret veut être la femme de celui qui l'aime et qu'elle aime. Le simple dragon revient à Villers-Cotterêts, mais il est devenu général. Il épouse son honnête fiancée. Le génie ne peut éclore dans la fange et c'est à cette source pure que Dumas a puisé sa loyauté.

Sa mère reste veuve en 1806 : il a quatre ans, il va s'élever pour ainsi dire tout seul sous les ombrages de la forêt de Villers-Cotterêts.

Tous ceux qui ont passé dans ces massifs de bois, où les feuilles légères semblent une dentelle transparente cachant la mélancolique profondeur des taillis, peuvent se figurer ce qu'était Dumas, enfant et adolescent.

Avant de partir pour Paris, il se forme à tous les exercices du corps, et prépare ainsi le réceptacle et le creuset où viendront se fondre toutes ses conceptions grandioses. Tout pourra tenir dans ce volcan : La cour de Henri III, comme celle de Louis XIV : la convention et les hommes de la Restauration. La paroi du volcan est solide et si bouillonnante, que soit la lave, il n'y aura jamais de fissure. Le grand romancier produit sans cesse : après avoir charmé, il charme encore, toujours sur la brèche, toujours bien portant et toujours dispos. Les ouvrages ne lui coûtent aucun effort ; il semble que tout enchainés ils coulent naturellement de ses mains. C'est que, pendant ses 20 premières années, libre au grand soleil, Dumas avait aspiré l'air de cette belle forêt de Villers-Cotterêts, où tout semble s'être donné rendez-vous pour enrichir une nature aussi bien douée que celle du fécond écrivain.

Lors de la dernière guerre de 1870-71. Alexandre Dumas, fils soignant son père au Puy, s'excusait de n'être pas enfermé dans Paris en disant : Mon père a assez fait pour la France,pour que j'ai acquis le droit de le soigner,

Dumas fils avait raison. Ceux qui jettent dans le cœur des hommes ces semences impérissables que le récit de la vie des héros peut faire germer, méritent bien de leur pays. Que de sentiments d'honneur et de fierté se sont éveillés dans les cœurs, au récit des exploits de tous les héros de Dumas? Qui n'aurait rougi d'être lâche, en pensant à la vaillance de d'Artagnan?

Eh bien, en face de toutes ces productions, c'est dans cette ville modeste où Dumas fut élevé, qu'on doit venir chercher le premier anneau de la chaine ininterrompue de ses œuvres.

Alexandre Dumas disait un jour en apercevant son fils : Voilà mon plus bel ouvrage ; nous dirons à notre tour : Dumas est la plus belle plante qui ait jamais poussé à Villers Cotterêts.

Qu'il soit clerc de notaire, ou en quête près du général Foy ; qu'il soit surnuméraire au secrétariat du duc d'Orléans, ou qu'il commence à devenir poëte et auteur dramatique ; peu importe ! C'est sans doute vers Villers-Cotterêts que son souvenir est revenu sans cesse ; c'est là qu'il a appris à monter à cheval, à franchir les forêts, à chasser, à sauter, à courir. C'est dans ces bois qu'il s'est reposé, baigné de sueur et laissant la brise rafraichir son front pendant que son imagination ardente évoquait les souvenirs qu'il fixera plus tard.

Quand il fera galoper Porthos, Athos et Aramis, c'est au souvenir de ses promenades dans la forêt qu'il se reportera. Quand Dantès gémit enfermé dans un cachot, c'est le souvenir des ruines d'un chateau qu'il a visité dans son adolescènce qui viendra hanter son imagination.

Et puis, lorsque Dumas, au fai'e de la gloire, se voit le favori des princes, l'ami et l'historiographe du duc de Montpensier, quant on met à son service les vaisseaux de guerre de l'Etat, c'est encore à Villers-Cotterêts qu'il faut penser.

Le célèbre artiste ne voyait pas de différence entre lui et un prince. Il était prince des écrivains, comme les autres princes le sont des pays qu'ils gouvernent. C'est la vie des bois et des forêts qui, pendant 20 années lui avait donné cette indépendance joviale et cette fière désinvolture. Sous l'enveloppe du romancier,écrivain fêté et acclamé, restait le jeune homme qui avait traité la nature en égale, et quelquefois en maître avec elle et en fixant dans des cadres choisis par lui les images dont son cerveau était comme submergé !

Nous avons essayé de montrer que Dumas devait beaucoup à sa ville natale, et nous avons le regret de dire qu'il eut été simplement juste d'ériger une statue là où Dumas était né !

On réparera, dit-on, cette erreur ; nous l'espérons.

En tout cas, après avoir montré ce que Dumas devait aux lieux qui l'ont vu naître, celui qui écrit les lignes qui vont suivre va nous faire voir l'écrivain devenu célèbre, revenant trouver les témoins de sa jeunesse, ces arbres, ces collines et ces ruisseaux comme pour leur dire : J'ai tenu tout ce que je promettais et je vous rapporte mes lauriers.

I.

Culte du souvenir.

Maître en l'art de charmer, quand plein de ton génie
Tu promenais partout ton faste et ta bonté,
Dédaigneux de l'envie et de la calomnie,
Des Aristarques vains méprisant l'âpreté,
Un timide habitant de la petite ville
Où tu naquis tout plein et de sève et d'ardeur,
Te regardait passer. Dans son âme tranquille
Tu jetas un rayon. Ce souvenir du cœur
Fit naître en lui ton culte; aujourd'hui, noble
(maître,
Il vient le rapporter à tes pieds, et plus vrai,
Demande qu'on te rende aux lieux qui t'ont vu
(naître,
Ecrivain entraînant, à ta belle forêt.

Tel, le vieux soldat qui, d'une pompe menteuse
Voit l'ancien général entouré par ceux-là
Qui couvrent du manteau de l'amitié trompeuse
Leur vanité d'emprunt; il s'écrie: Ah! voilà
La vérité! tremblant, tirant de sa poitrine
Un vieux chiffon de drap par la balle troué,
C'est sa tunique çà. — La foule alors s'incline;
Avec la gloire alors on craint d'avoir joué!

Nous, nous ferons ainsi. Du bronze et de l'argile,
D'Artagnan sortira, héros victorieux,
C'est l'artisan vainqueur de l'œuvre difficile
C'est ton soldat chéri, soldat audacieux.

Le modeste habitant que tu daignas admettre,
O maître ! à partager ta gloire et ton honneur,
En voulant bien un jour doucement lui promettre
D'illustrer son travail de ton beau nom vainqueur,
Dira : C'est d'Artagnan qui nous rendra le maître.
Le mousquetaire, alors vers Paris s'élançant,
Rapportera ton buste et l'on verra paraître,
A l'ombre du bois vert au regard du passant
Tes traits, tes traits connus de toute notre France,
Et le socle du buste au tertre vert fixé
Au dessus du ruisseau qui jaillit et s'élance,
Par le soldat vaillant, mousquetaire vexé,
Sera gardé fort bien.
Ce que nous voulons faire,
Oui, Maître, nous voulons nous saurons l'accomplir
Entre l'onde qui coule et le nom Dumas père,
On mettra ces trois mots : Culte du souvenir !

II.

Celui qui veut bien nous livrer ses souvenirs personnels sur le célèbre romancier peut à juste titre dire que son témoignage est celui de toute une génération. Il pourrait ajouter encore que ses souvenirs sont comme une sorte de reproduction de l'empreinte que Dumas père a laissée sur sa ville natale. Dédaigné par les uns, admiré par les autres, le célèbre romancier ne vint qu'à de rares intervalles dans la ville qui l'avait vu naître, et, pour bien fixer les limites de cet essai, nous parlerons d'abord du Banquet de Villers-Cotterets où l'on fêta l'auteur glorieux de Henri III et sa cour.

Nous laisserons ensuite une période de vingt années s'écouler. C'est l'époque de l'enivrement et du triomphe pour le célèbre romancier.

Au moment où parait le journal le *Mousquetaire*, en 1853, nous retrouvons alors Alexandre Dumas. Bientôt après et comme au soir de sa vie, Villers Cotterêts lui devient plus cher. L'écrivain revient vers ces lieux qui l'ont vu naître, où il a été élevé et formé ; il interroge de nouveau sa belle forêt, il vient y chercher comme une sève nouvelle.

Au jour du Banquet de Villers-Cotterêts, celui qui, plus tard, aura pour Dumas un véritable culte, a huit ans.

Il est sur le seuil de la maison paternelle. Un homme de grande taille passe entouré de ses familiers. Il parle haut; sa figure puissante est éclairée d'un rayon de franche gaieté.

Ce n'est pas en vain qu'on reste fidèle aux souvenirs d'enfance. Il semble qu'à l'heure où les impressions se gravent en caractères ineffaçables, il y ait comme une sorte de bon génie qui, en gravant dans le cœur le souvenir de cette joie fugitive,vous prépare lentement à donner au rêve qu'on a entrevu l'expres sion de la réalité. Celui à qui apparut Dumas comme un véritable géant, ainsi qu'il nous l'a dit lui-même, a essayé, lorsqu'il est devenu un adolescent, de défendre l'objet de son culte contre les calomniateurs et les curieux. Plus tard, il a noté avec soin les impressions que laissait le passage du célèbre écrivain dans cette petite ville de Villers-Cotterêts, où tant d'amis vrais ou faux prodiguaient les protestations bruyantes. Aujourd'hui il nous confie ses souvenirs personnels, et veut amener la statue du grand homme dans cette ville, et sous ces poétiques ombrages, bien faits pour abriter le souvenir de celui dont l'imagination peut se comparer aux massifs touffus de la belle forêt.

—

III

Après avoir contemplé Dumas traversant Villers-Cotterêts et subi comme Léa ces fascinations de sa puissance, notre enfant de huit ans retomba en pleine réalité.

A Villers-Cotterêts, pas plus qu'ailleurs, nul n'est prophète en son pays. Si beaucoup de gens se pressaient pour fêter le grand écrivain, d'autres se tenaient à l'écart affectant le dédain ou le mépris. La famille de Dumas connaissait celle de l'enfant et la lettre suivante le prouve assez.

Il s'agit d'une commission donnée en 1827 par le grand-père de celui dont nous racontons les souvenirs personnels. Dumas répond :

Bon ami,

« J'ai fait votre commission, mais probablement comme un sot car j'ai laissé mettre le reçu sur votre lettre.

« A vous de cœur, de respect et d'amitié,

Alex. Dumas.

Des révélations de ce genre ne prédisposent pas à retenir l'expression des sentiments qu'on éprouve à l'égard de celui avec lequel on est rapport. Cependant ce n'est pas dans sa famille que l'admirateur de Dumas devait rencontrer l'expression d'un doute profond à l'égard du talent du romancier.

Dans la maison qu'habitait l'enfant se trouvait un vieillard estimable, appelé M. de Montègle. Affable et bienveillant, il était épris de la philosophie d'Auguste Comte, et le positivisme lui paraissait devoir tenter un jeune homme d'habitudes laborieuses, comme l'était celui dont nous parlons et qui, en grandissant, s'appliquait aux travaux sérieux.

Etre positiviste semblait à ce bon vieillard l'alpha et l'oméga de toutes les ambitions. Cherchant à mettre dans la lumière le jeune homme dont il constatait les efforts et suivait les études, il lui parlait sans cesse d'Auguste Comte.

Parler du fondateur du Positivisme à un esprit tout frappé de la puissance d'activité de Dumas et tout imprégné du charme de ces récits qui, faisaient leur tour de France en quelques semaines, c'était mettre de l'huile sur le feu pour l'éteindre.

Avec la maladresse incomparable qui caractérise les philosophes entichés d'un système, il disait au jeune homme quand il voyait un livre entre ses mains. Qu'est-ce que cela? Encore Dumas; mais c'est du poison, voulez-vous bien jeter ça.

Tenez, lui disait-il en lui tendant le livre d'Auguste Comte, prenez celui là! C'est de la philosophie positive. A la bonne heure! Tout par l'expérience et rien que par l'expérience. L'observation est la seule source des sciences.

On s'imagine bien que de pareils entretiens ne ramenaient pas beaucoup l'adolescent aux idées positivistes que voulait lui inculquer le vieillard.

Le jeune homme était encore tout plein du souvenir qui avait frappé son enfance. Il se reportait par la pensée à ce banquet qui avait été offert à Dumas par ses compatriotes de Villers-Cotterêts. Tous les récits qu'il trouvait dans la bouche de ceux qui l'entouraient rendaient encore plus grand l'objet de son culte.

C'est que le jour où le célèbre romancier apparut à cet enfant comme un géant, était un jour de fête pour les habitants de Villers-Cotterêts qui acclamaient le grand écrivain.

On rappelait alors (c'était le 7 septembre 1842) qu'en 1825, un jeune homme de 20 ans quittait Villers-Cotterêts pour aller chercher fortune à Paris.

Il est d'abord surnuméraire au secrétariat du duc d'Orléans, et il doit cette faveur au général Foy.

Il voit des acteurs anglais jouer *Hamlet*. Cette étincelle qui était cachée au fond de son être, et qui fait paraître languissant et paresseux, l'homme chez lequel elle est à l'état latent, se transforme en foyer ardent.

Il a la joie d'Archimède ; il a trouvé ! Il lit Corneille, il lit Shakespeare, Gœthe et Schiller. Il n'a pas de préjugés classiques, ses maîtres sont la forêt qui l'a vu naître et lui a murmuré le soir, sa chanson mélancolique et le ruisseau ou la cascade qui lui ont donné la limpide gaieté de leurs eaux sautillantes. De cette gaieté et de cette mélancolie sont sortis tous ces beaux drames qui ont ému et bouleversé plusieurs générations.

A dix sept ans d'intervalle, l'épanouissement est complet, et le maire de sa ville natale, M. Tronchet, rend hommage à la supériorité de son talent.

« Alexandre Dumas, dit il, quoique jeune encore, a acquis déjà une grande célébrité......

« Nous devons nous glorifier que « notre petite ville ait vu naître après « Demoustier,un homme que la France « elle même peut être fière de compter « au nombre de ceux qui l'ont illus- « trée. »

Et Alexandre Dumas répond vivement ému :

« J'ai eu deux belles fêtes dans ma « vie :

« La première, le jour de mon succès « au théâtre ; c'était une fête d'orgueil.

« La seconde, c'est celle que vous me « donnez aujourd'hui, et celle-ci, c'est la « fête du cœur. »

Cette fête du cœur, nous allons la continuer pour le grand conteur.

Nous allons lui donner le spectacle d'un homme qui, témoin oculaire de l'enthousiasme, que provoquait le grand écrivain à Villers-Cotterêts, s'attache à continuer l'œuvre de ceux d'autrefois. L'enfant, qui a vu, quelques heures avant le banquet, ce géant de lettres est devenu un homme : il veut conserver au pays natal, le droit de consacrer la gloire de Dumas, en ramenant son buste sous les ombrages de la belle forêt.

Nous ignorions, en écrivant la préface, sur la demande de celui qui a des souvenirs personnels si vivants sur le grand écrivain, que nous serions appelés à les fixer. Nous avons accepté cette tâche, et il nous a paru qu'une grande et intéressante leçon pouvait en ressortir.

A l'ombre du grand écrivain, d'autres s'essayaient et le suivaient.

En montrant quels effets peut produire, sur les intelligences qui l'entourent, un prince de lettres comme l'était Alexandre Dumas, nous éveillerons, nous en sommes persuadé, chez le lecteur, des idées nouvelles et des horizons inconnus.

Faisant voir quel invisible lien enchaine à un homme de génie tous ceux qui, sentent une étincelle couver dans leur esprit, et le goût des belles choses germer dans leur intelligence, nous exposerons pour ainsi dire les lois du patriciat de l'intelligence.

C'est l'aristocratie intellectuelle qui rend heureux les plus petits, en les faisant jouir dans la personne d'un grand maître des joies qu'ils ne pourraient éprouver sans lui.

Et quelle image plus charmante de ce patriciat que les deux faits que nous allons citer.

Le premier, c'est Dumas, épanoui et faisant partager sa richesse à ceux qui l'ont connu, à ses plus humbles amis. L'autre, c'est une pièce de vers, traduite du russe de Bénédictoff, par celui qui nous confie ses souvenirs personnels, et où le bonheur de l'expression justifie l'imagination débordante du grand romancier qui, en donnant l'exemple, a su produire dans une plus petite sphère des effets si heureux.

IV.

Quand Dumas arrive à Villers-Cotterêts, il loue une belle voiture à quatre chevaux. Le luxe le plus grand l'environne et le suit. Il va chercher ses plus humbles amis de la forêt, les fait monter dans son carrosse. Le fouet claque, la voiture s'ébranle ; un bon gros rire sonore ébranle l'air. — Eh bien mon vieux : c'est moi Dumas. — L'humble garde ou l'humble bûcheron est tout de suite à l'aise ; le luxe qui l'environne ne l'incommode plus. L'égalité ravageuse n'a pas encore terni son âme et Dumas qui le rend heureux, est content aussi. Vraies ou fausses les protestations d'amitié prodiguées en ce moment ont fait battre ces deux cœurs à l'unisson. Que la misère humaine les sépare ou les divise, ils se rappelleront tous deux de cette journée là.

Ce n'est pas assez pour lui de se faire aimer et le grand écrivain va jeter un rayon de son intelligence sur ce témoin de sa vie qui, discret et timide, le suit pas à pas quand le romancier vient à Villers-Cotterêts.

Ce rayon va transformer ce timide admirateur. Ebloui par l'imagination du maître, il va jeter sur la petite pièce d'un poète russe Bénédictoff, un reflet de la lumière qu'il a reçue :

Les glaciers

O géants, dont le front est sans cesse couvert
Du diadème blanc que promène l'hiver,
Vous posez devant moi, glaciers, ô monts superbes,
Comme aux yeux du faucheur posent des tas de gerbes.

C'est la fange terrestre, amoureuse de l'air,
Esclave gémissant sous le poids qui l'écrase,
Qui, dans son fol orgueil, où sa divine extase
A voulu s'élancer au berceau de l'éclair.

La terre, en pénétrant dans le céleste abîme
A soudain découvert la calme éternité.
Oh ! l'épouvante alors glaça son front sublime
Et son sein tînt caché les flammes de l'été.

Louer ces vers et leur forme est inutiles ; les lire suffit. Nous ne sommes pas suspect. On ne nous avait pas demandé, en fixant ces souvenirs, d'établir ce parallèle. L'idée du patriciat intellectuel nous y a conduit. Cette aristocratie de l'intelligence apparaîtra dans toute sa grandeur, à la suite des récits qui vont suivre, et la gaieté qu'alimentent les anecdotes piquantes recueillies à Villers-Cotterêts embellira ce tableau, semblable aux fleurs légères et vivaces qui courent autour du rocher gigantesque, que la nature a fixé pour jamais sur une base indestructible.

V.

Alexandre Dumas écrivit un jour, en 1868, sur l'album de M. Ed. Lallart, alors directeur du *Progrès de l'Aisne* ; les vers suivants :

Deux choses ici-bas me font aimer le jour :
L'amour, la liberté, seuls trésors que j'envie.
Pour l'amour, au besoin, je donnerais ma vie,
Mais, pour la liberté, je donnerais l'amour.

Sans s'en douter, le grand écrivain, comme tous les hommes de génie, indiquait à la fois ses défauts et ses qualités, dans ces quatre vers. Il posait en même temps les limites de cette aristocratie intellectuelle qu'il exerçait avec tant de jovialité.

Les limites de cette aristocratie étaient celles-ci : la première, donner sa vie par amour ; la seconde donner par amour sa liberté. Or, donner sa vie par amour n'est pas rare, mais sacrifier la liberté par amour comme le prêtre qui se fait esclave par amour de Dieu, c'est le secret de l'amour divin.

— Dumas n'allait pas si loin. Aussi le fécond romancier ne demandait-il à ses sujets que de lui consacrer leur esprits ; il leur laissait une pleine et entière liberté. Son patriciat était le seul vrai ; la chaîne qui le reliait à ses admirateurs avait été forgée par les disciples et non par le maître.

En effet, rapprochons les deux faits suivants : La fondation du journal *Le Mousquetaire* en 1853 et les efforts faits par ce témoin de la vie de Dumas, pour faire souscrire par les habitants de Villers-Cotterêts quelques abonnements à la nouvelle feuille intitulée bravement : « Journal d'Alexandre Dumas ». Nous allons voir immédiatement le chaînon se forger entre le maître et son admirateur, et c'est ce dernier qui tiendra l'enclume.

C'est le 12 novembre 1853 que parait le *Mousquetaire* : Celui qui allait noter, à chaque passage du brillant romancier, les petits incidents de la vie de Dumas à Villers-Cotterêts, et que nous nommerons MM. offre au maître d'être son correspondant pour Villers-Cotterêts et de faire souscrire des abonnements.

La lettre que lui écrit l'administrateur, M. Lequesne, se termine ainsi :

« Vous trouverez ci-joint, ce qui con-
« cerne l'abonnement Blondel. »

« Votre article sur la mort du roi des
« Iroquois a été remis à M. Alexandre
« Dumas. »

Le correspondant du *Mousquetaire*, tout plein de l'effet que produit sur lui ce grand homme se met à faire tous ses efforts.

Il se dit qu'Alexandre Dumas lira l'article qu'il lui a envoyé. Il veut non seulement mériter l'attention du célèbre écrivain, mais encore captiver ses bonnes grâces, en faisant des abonnements pour le Journal.

Hélas ! il fallut que les nymphes et les naïades de la forêt de Villers-Cotterêts se voilassent la face. Après bien des démarches le correspondant du *Mousquetaire* ne put grouper que deux abonnements. A Villers-Cotterêts, quand Dumas n'était pas là, c'était les positivistes comme M. de Montègle qui avaient raison.

De son coté, Dumas lut sans doute précipitamment le roi des Iroquois. C'était une agréable nouvelle.

Elle parut dans *l'Argus* ; la voici :

Le Roi des Iroquois.

« Tous les journaux de Paris ont rapporté il y a quelque temps la nouvelle de la mort récente du *Roi des Iroquois*, lequel serait né à Villers-Cotterêts. Voici l'origine de cette nouvelle que nous publions sans commentaire.

Il y a quelque temps, arrivant des Etats-Unis où il était resté plusieurs années, un artiste se trouvait dans un café, au milieu d'un cercle nombreux qui écoutait attentivement le récit merveilleux qu'il faisait de ses excursions d'outre-mer.

— Je suis allé. racontait-il, dans le nord des Etats-Unis pour étudier toutes les splendides beautés d'une nature vierge. Après avoir traversé d'immenses forêts sans rencontrer d'autres créatures que des serpents, des chacals et autres bêtes sauvages, je tombai au milieu d'une peuplape de farouches indiens, à la figure rouge et aux oreilles pendantes, qui m'entourèrent en vociférant. Ils me menaçaient en dansant autour de moi, et en brandissant au-dessus de ma tête leurs armes meurtrières : qui sa massue, qui sa hache, qui sa lance, qui sa flèche empoisonnée. Je commençais à craindre sérieusement pour mes jours, mais décidé que j'étais à vendre chèrement ma vie, je saisis mes pistolets et m'apprêtai résolument à combattre.

Soudain, le groupe s'écarta respectueusement à l'aspect d'un sauvage de grande taille, dont la figure tatouée était peinte mi-partie rouge et noire ; sa tête était rasée, à l'exception d'une petite mèche de cheveux teints en rouge, élevée au sommet de la tête, ornée de plumes de diverses couleurs et d'une petite baguette d'ivoire.

Je jugeai que c'était un chef, car à son approche, les armes s'abaissèrent et les hurlements cessèrent ; puis sur un signe de celui-ci, la troupe brutale se dispersa.

Quand le chef fut seul avec moi :

— Ne craignez rien, me dit-il en très-bon français et le plus courtoisement du monde, ne craignez rien, monsieur, il ne vous sera fait aucun mal.

J'étais stupéfait d'entendre le beau langage de France dans la bouche de ces barbares Peaux-Rouges.

Remarquant mon étonnement, mon partner reprit :

— Je suis votre compatriote !...

— Vraiment !

— Votre visite me cause tant de plaisir que, comme autrefois Philoctète dans l'île de Lemnos, voilà plus de vingt ans que mes oreilles n'ont entendu la langue maternelle.

— Comment se fait-il donc qu'en ces lieux ?...

— Mon histoire est un tissu d'aventures extraordinaires, une odyssée qui devra trouver son Homère, je vous raconterai tout cela si vous voulez bien accepter l'hospitalité et partager le frugal repas du *Grand-Esprit* des Iroquois !

— Ah ! m'écriai je, alors ces sauvages qui voulaient faire de mon corps un horrible festin, c'étaient...

— Une tribu d'Iroquois.

— Et vous en êtes !...

— Le *Roi*.

Au comble de la surprise, j'avais peine à croire qu'un Français civilisé et instruit était devenu le chef de ces barbares ennemis de toute civilisation.

Je suivis Sa Majesté Iroquoise qui me conduisit en une espèce de hutte enfumée, exhalant une odeur infecte. Quelques indiens, tapis sur une natte, entortillés dans une toile en forme de linceul, fumaient dans un coin un vaporeux calumet Un grand feu brûlait au milieu de la hutte, et sur les braises ardentes cuisaient plusieurs castors, tandis que la moitié d'un ours sauvage rôtissait, suspendue au-dessus de la flamme à deux bâtons croisés obliquement, comme les antiques fourches caudines.

— De quel pays de France êtes-vous !

— De Villers-Cotterêts.

— Tiens ! c'est aussi mon pays... Comment vous nommez vous ?

— L.....

— Je connais encore beaucoup de personnes de ce nom.

— Ce sont mes parents.

— Viendrez-vous les revoir ?

— Non, je ne l'espère pas !... Mais vous, qui verrez encore et ma belle petite ville que je regrette tant, et la forêt si petite auprès des nôtres, vous direz à tous ceux qui portent mon nom, mes neveux peut-être, que vous m'avez vu loin, bien loin, par delà les mers, près de mourir et pensant toujours à eux.

— J'accomplis aujourd'hui ma mission, ajouta l'artiste en avalant un verre de bière.

— Tout cela n'est pas possible, s'écrièrent plusieurs incrédules voulant passer pour esprits forts.

— Je vous assure, reprit le narrateur, que c'est l'exacte vérité ; maintenant, si vous ne voulez pas me croire, libre à vous.... mais avant de dire que c'est faux, faites comme moi :

Allez-y voir !... »

Cette petite pièce que Dumas a dû lire, mais à laquelle il a négligé de répondre, peut avoir fait germer dans son esprit une idée nouvelle. Et qui sait si cette fortune étrange d'un roi des Iroquois, n'a pas fait germer, en se tamisant dans le cerveau du puissant romancier, cette autre idée de pouvoir non moins étrange, que le conteur entraînant attribue à ce héros de toute la série d'histoires appelée les *Mohicans de Paris*, et qu'il nomma *Salvator*.

De son côté le correspondant du *Mousquetaire* est fiévreux, inquiet. Deux abonnements, ce n'est pas un succès. Alors le correspondant du *Mousquetaire* s'indignait contre tous les philistins et les indifférents de Villers-Cotterêts. Il se consolait ensuite, s'occupant de littérature et guettait l'occasion d'être utile au grand écrivain.

Le journal tomba, mais le premier chaînon existait entre le grand homme et son admirateur. Qui l'avait forgé ? C'est ce jeune homme, clerc de notaire comme Dumas autrefois, que le romancier avait charmé. Le lien était si puissant, qu'après de longues années celui dont nous fixons les souvenirs personnels nous parlait encore avec dépit de ces premiers essais infructueux, et regrettait de n'avoir pu faire davantage.

Quelle autorité, nous le demandons, aurait pu obtenir un dévouement plus sincère ? Aucune : Et il avait suffi à l'illustre écrivain de paraître dans sa ville natale et de lancer partout les éclairs de son brillant génie.

Nous allons voir, dans de nouvelles anecdotes, ce premier chaînon se souder à d'autres et devenir, à mesure, la plus solide et la plus résistante des chaînes intellectuelles.

Dans les annales romantiques de 1830, Alexandre Dumas jetait comme en se jouant une petite pièce charmante intitulée le *Sylphe*.

Trente années plus tard M. M..., en cherchant partout quelques nouveaux moyens de célébrer l'objet de son culte, découvrit ce petit bijou que nous mettons sous les yeux du lecteur.

LE SYLPHE

Je suis un sylphe, une ombre, un rien, un rêve,
Hôte de l'air, esprit mystérieux,
Léger parfum que le zéphir enlève,
Anneau vivant qui joint l'homme et les dieux.

De mon corps pur les rayons diaphanes
Flottent mêlés à la vapeur du soir ;
Mais je me cache aux regards des profanes,
Et l'âme seule en songe peut me voir.

Rasant du lac la nappe étincelante,
D'un vol léger j'effleure les roseaux
Et, balancé sur mon aile brillante,
J'aime à me voir dans le cristal des eaux.

Dans vos jardins quelquefois je voltige ;
Et, m'enivrant de suaves odeurs,
Sans que mon pied fasse incliner leur tige,
Je me suspends au calice des fleurs.

Dans vos foyers j'entre avec confiance ;
Et, récréant son œil clos à demi,
J'aime à verser des songes d'innocence
Sur le front pur d'un enfant endormi.

Lorsque sur vous la nuit jette son voile,
Je glisse aux cieux comme un long filet d'or,
Et les mortels disent : « C'est une étoile
Qui d'un ami vous présage la mort. »

ALEXANDRE DUMAS.

C'est le sylphe charmant, mais c'est le sylphe païen, tout entier à sa superstition et qui, sortant du calice des fleurs, se transforme en un long filet d'or courant sous la voûte céleste. Sa dernière parole est toute païenne et presque désespérante.

.....C'est une étoile
Qui d'un ami vous présage la mort.

Mais quelle forme gracieuse et légère dans cette petite pièce de vers ! Quels soulèvements ! De la vapeur du soir au lac qu'il effleure, du lac au jardin, du jardin aux fleurs et des fleurs à la voûte étoilée.

En découvrant cette pièce, un admirateur de Dumas ne pouvait faire autrement que de tenter une imitation et les vers charmants du sylphe :

J'aime à verser des songes d'innocence
Sur le front pur d'un enfant endormi.

allaient passer dans une petite pièce de vers de M. M..., intitulée le *Fil de la bonne Vierge*.

C'est la formation d'un nouveau lien entre le grand génie et son admirateur. Le poète de 1830 était de son siècle sans espérance future. Le chrétien de

1860 va faire entrer un peu de poésie céleste dans son imitation. Ces deux intelligences, celles du grand romancier et celle de son imitateur vont se réunir sur la tête blonde d'un petit enfant, semblables au papillon et à l'abeille laborieuse qui viennent puiser à la même fleur.

Voici cette petite pièce de vers où l'imitation est assez sensible.

LE FIL DE LA VIERGE.

On voit dans les beaux jours d'été,
Quand le soleil brûle la terre,
Voltiger un fil argenté
Dont l'origine est un mystère.

On prétend qu'il descend du ciel
Porté par l'aile du zédhyre,
C'est un cadeau de Raphaël
Au petit enfant qui soupire.

Il est léger, blanc, doux et fin
Plus qu'un duvet, plus que la soie ;
Un contact de profane main.
L'arrache, l'écrase, le broie.

C'est un fil tombé du fuseau
De la Sainte Vierge Marie,
Parcourant, ainsi qu'un oiseau,
De l'éther la plaine infinie ;

C'est la frange, c'est le fragment
D'une étoffe mystérieuse ;
C'est le tissu du vêtement
D'une âme pure et glorieuse ;

Hôte de l'air, c'est un cheveu
Echappé du céleste peigne,
Poudré par cet astre de feu
Qui de ses chauds rayons nous baigne ;

De la lyre d'un séraphin
C'est une corde abandonnée ;
C'est une herbe du grand jardin
Par un sylphe déracinée ;

C'est un duvet de la toison
De la brebis évangélique ;
C'est la chaine, la liaison
Joignant l'homme au Dieu symbolique.

C'est un anneau d'argent léger
Brisé par un coup de tonnerre ;
C'est le plus discret messager
Envoyé du ciel sur la terre ;

D'Arachnid c'est un filet ;
C'est une ombre, un rien, un atome ;
C'est une plume, un poil follet,
Le corps de Mab, l'air d'un fantome.

C'est tout cela : — mais pour l'enfant
A la madone offrant un cierge,
Ce fil qui vole au gré du vent,
C'est le fil de la bonne Vierge !

Certes, la forme de ce morceau est infiniment inférieure à celle du Sylphe. Le style lui-même peut être critiqué. Le cheveu poudré, la toison évangélique et le Dieu symbolique peuvent trouver leurs places ailleurs que dans une poésie ailée et fugitive. Mais aussi quel gracieux souvenir du Sylphe dans la charmante strophe.

C'est la frange, c'est le fragment
D'une étoffe mystérieuse,
C'est le tissu du vêtement
D'une âme pure et glorieuse.

Il semble que les ondulations qui se meuvent sous le souffle de Dumas aient passé dans l'imitation qu'en a essayé son admirateur.

C'est un duvet, c'est un fil du fuseau de la Vierge. Le voilà devenu vêtement de l'âme. Puis c'est la corde d'une lyre et enfin pour l'enfant qui offre un cierge à la madone, c'est le fil de la bonne Vierge.

Et quelle charmante image éveille sous les yeux cet enfant innocent qui va porter la flamme à l'autel pendant que son beau visage est enveloppé du léger fil blanc des jours d'automne.

L'imitateur n'a pas égalé la splendide légèreté de son maître. Il a suivi le mouvement du rythme ; il a éveillé à son tour une pensée plus consolante que celle du poëte de 1830

Joignons ces deux images. Mettons ce sylphe derrière l'enfant qui se dirige vers la chapelle voisine. Que ce sylphe devienne un bel ange aux yeux bleus, aux ailes diaphanes et de la réunion de l'œuvre du maître à celle du disciple sortira un tableau plein de grâce.

Ce patriciat intellectuel, cette aristocratie de l'intelligence n'est-elle pas une belle et noble chose puisqu'elle peut produire d'aussi féconds résultats ?

Lorsque nous prononcons le mot de

patriciat intellectuel, il semble qu'il soit bien ambitieux. Les idées de hauteur, de morgue et de dédain arrivent à la suite, et l'on se reporte involontairement par la pensée aux mauvais temps de la féodalité.

Mais qui peut avoir de telles idées en regardant Dumas. Ceux qui l'ont connu savent qu'il était le plus familier des hommes. On peut lui accoler le titre de patricien et jamais ce mot placé sur le front du loyal et noble écrivain ne ternira la jovialité de sa désinvolture.

L'anecdote suivante est une preuve de ce que nous avançons. Celui qui suit Alexandre Dumas pas à pas à Villers-Cotterêts, a pris ce petit récit sur le vif et nous lui laissons la parole.

« Ceci se passait à Troësne, lors du dernier voyage du poète (1863).

Un jour, dans la matinée, un employé des contributions indirectes avait laissé son cheval à la porte d'une maison ; le cheval n'était probablement pas très bien attaché, car en sortant l'employé voulant continuer sa route, aperçoit sa monture caracolant en liberté à l'autre bout de la rue.

— Arrêtez ! arrêtez ! crie aussitôt le cavalier aux abois.

En entendant ces cris, quelques personnes courent après l'échappé — lequel n'en galoppe que plus vite.

Notre grand Alexandre se promenait, il entend les cris, — voit le cheval ; en un instant l'arrête dans sa course désordonnée, et de sa puissante main le ramène, tranquille, à son écuyer.

Celui-ci ne connaissant pas l'hercule à l'imagination splendide, le remercie tout simplement.

—Voulez-vous accepter un petit verre, demanda-t-il.

— Tout de même, répond le maître de sa voix de Stentor.

On entre au cabaret. Le cabaretier connait, lui, le chef du roman, le roi du théâtre, il le salue.

— Salut, Monsieur Dumas ! dit-il. en servant les petits verres.

— Comment, Monsieur, balbutie le cavalier, vous seriez Monsieur Alexandre Dúmas ?

-- Lui-mème ! fait le héros avec un geste magnifique.

— Oh ! Monsieur, pardon ..... si j'avais su...... je...... je...... comment, vous avez daigné ramener mon cheval....

— Parbleu ! je n'ai fait que ce que vous auriez fait pour moi si je m'étais trouvé dans votre situation. Ce sont de petits services qu'on se rend mutuellement.»

Celui qui rend un service avec autant de bonne grâce et de cordialité, est il un aristocrate dédaigneux ? C'est un patricien tout plein de sa supériorité, mais qui sait qu'on n'est jamais si grand, que lorsqu'on est simple et bon.

En notant, pour ainsi dire, les anneaux de cette chaine qui se forge toute seule sous nos yeux, entre M. M... et l'illustre romancier, nous demandons la permission de ne pas toujours suivre l'ordre chronologique.

Nous même, nous avons appris de cet admirateur passionné d'Alexandre Dumas, à mieux connaître le génie de cet homme célèbre. L'idée de patriciat nous avait tout d'abord paru un peu grandiose pour le grand conteur. Et voilà qu'en parcourant les pages restées dans l'ombre, toute la supériorité du patricien de l'intelligence nous apparait comme un phare brillant.

C'est d'abord une page sur Alfred de Musset, puis une autre sur les souvenirs dramatiques de l'écrivain et ses entretiens avec Mlle Mars.

Nous ne faisons pas ici une étude complète sur Alexandre Dumas. C'est à Villers-Cotterêts que nous sommes, c'est à Villers-Cotterêts que nous resterons. Cette chaîne charmante dont les anneaux se forment sous les yeux du lecteur restera suspendue aux arbres de la forêt. Elle sera mêlée au feuillage vert au dessus des ruisseaux qui ont vu passer enfant l'illustre écrivain.

Si emporté par son culte pour Dumas père, M. M..., son fidèle, nous montre quelques bijoux inconnus de tous échappés à l'illustre écrivain, nous l'enchâsserons dans ces anecdotes que ce témoin nous a racontées.

Nous rappelons cette page du fécond romancier à propos d'Alfred de Musset et de Mlle Mars, par ce que nous avons devant les yeux un spectacle tout nouveau.

Nous sommes à la gare de Villers-

Cotterêts et un homme de haute taille, souriant et affable vient d'arriver. Personne n'est prévenu. Il n'a pas envoyé ses courriers dire qu'il arrivait, aucun agent n'a averti les autorités pour leur commander de solliciter les démonstrations bienveillantes. Cependant il a suffi d'un mot pour mettre tout le monde sens dessus dessous.

Alexandre Dumas vient d'arriver ! C'est le 28 juin 1862. Tout est en fleurs. La nature est épanouie. Chacun est hors de chez soi. En un clin d'œil tous se réunissent. On se presse au devant de l'illustre compatriote, du conteur aimé, du génie supérieur.

Les journalistes du pays et M. M..., est du nombre, veulent savoir ce qu'il fait et ce qu'il ne fait pas. On rappelle en le voyant, les vers de Méry, et, la garde nationale de Villers-Cotterêts improvise une sérénade en son honneur.

On sait qu'il a été rendre visite à la tombe de son père qui dort au cimetière à côté de Demoutier. On regrette qu'il n'ait pu visiter le parterre.

Ceux qui ont vu Dumas, voudraient le revoir encore, ceux qui ne l'ont pas vu se considèrent comme des pestiférés.

Qui donc a soulevé tous les habitants de la petite ville ? Qui les porte vers cet homme de génie qui n'en sera ni plus ni moins sûr de lui-même, mais comme tous les hommes de cœur se sentira content parce qu'il se sent aimé ?

La réponse est facile. L'eau va vers la rivière où la pente la porte, et ne demande pas à la terre pourquoi elle penche de ce côté. La fleur se tourne vers le soleil sans lui demander pourquoi il luit, et l'oiseau, le matin, fait entendre sa chanson matinale, sans savoir pourquoi l'astre du jour éclaire l'horizon empourpré.

Les hommes sont ainsi ; ils se portent au devant du génie rayonnant. La bonté, la grandeur du cœur, le rayonnement de l'intelligence les attire : L'audace et la hardiesse les subjuguent et la masse humaine met en pratique ce vers de Virgile qu'elle ignore.

Da facilem cursum, atque audacibus annue cæptis. Alexandre Dumas méritait bien cet empressement de ses compatriotes, et nous, qui nous demandions si le mot patriciat n'était pas trop grand pour cette joviale physionomie, nous remercions notre collaborateur, témoin des triomphes de l'illustre écrivain, de nous avoir appris à sonder la profondeur de son génie.

Où trouver en effet de plus belles pages que celles qu'il a écrites à propos d'Alfred de Musset et sur la maladie dont ce siècle est atteint ?

Nul ne peut trouver ailleurs un sentiment plus profond du mal qui a déjà dévoré tant de générations. Ce mal de Werther, d'Alfred de Musset et de tous les enfants de notre siècle, est limité de toutes parts dans une définition grandiose par le génie de Dumas.

En quelques lignes, il a posé, pour ainsi dire, les bornes entre lesquelles les âmes de tous les écrivains de notre temps s'agitent et s'épuisent. Quelques mots lui ont suffi. Lamartine, Hugo, Musset ont écrit, pleuré et quelquefois agi ; mais ils n'ont jamais sondé le mal avec cette assurance.

Il n'y a dans cette sorte de définition ni élégie sentimentale et tendre, ni souvenir d'envie, ou de douleur qui mord l'écrivain au cœur ; il n'y a ni haine, ni brutalité. Dumas dit simplement :

« Quand la passion emporte l'homme, « la raison le suit en pleurant et en l'a- « vertissant du danger ; mais dès que « l'homme s'est arrêté à la voix de la « raison, dès qu'il s'est dit : C'est vrai « je suis un fou ; où allais-je ? la pas- « sion lui crie : Et moi ! je vais donc « mourir. »

Ce que Dumas ne dit pas, mais ce qu'il sent, c'est que cette passion est quelquefois juste et sincère. Cette passion a pour objet le rayon lointain qui révèle la lumière de la terre promise. Les hommes de notre siècle expient pour leurs pères du XVIIIe siècle. Comme Moïse sur le mont Nébo, ils voient de loin une magnifique aurore, un pays couvert de fleurs. Ils veulent y courir ; c'est la passion ardente, noble et fière. Un abîme sépare les hommes de notre temps, de ce lieu de délices dont ils entrevoient les plaines radieuses.

Oh oui ! le mal du siècle c'est le combat entre la raison ou la notion des obstacles présents et la passion, ce merveilleux mirage d'un monde enchanté qui recule toujours.

Celui qui dans une page, à propos d'une biographie de poète, a pu appliquer ainsi une pensée que d'autres avaient peut-être déjà formulée, était un grand esprit Il mérite d'être placé sur une âme élevée, et peut servir de phare, car, l'imagination qui bouillonnait en lui, était bien une étincelle échappée du foyer divin.

Aussi, quand les habitants de Villers-Cotterêts disaient : « Alexandre Dumas vient d'arriver » et que ce cri allait frapper tous les esprits et tous les cœurs, il n'y avait là qu'un tribut mérité, rendu à un homme que Dieu avait favorisé de ses dons les plus précieux.

Pour mieux justifier encore ce patriciat de l'intelligence et cet enthousiasme de ses compatriotes, le témoin fidèle des faits et gestes de Dumas à Villers-Cotterêts, nous a mis sous les yeux les souvenirs dramatiques où l'odyssée du célèbre dramaturge à la comédie française est racontée avec tant de verve et de belle humeur.

Il dit comment Mlle Mars vint lui rendre visite à propos de la représentation de son drame intitulé : *Christine de Suède* Dumas appelle la comédienne

Sainte-Jeanne Bouche de Perle, alors que celle-ci vient de l'appeler Saint-Jean Bouche d'or.

Il défend contre elle le droit de dire des vers admirables, met à l'abri de la jalousie de la grande comédienne une humble actrice que Mlle Mars ne pouvait souffrir. Enfin, laissant couler de son cœur le rayon de bonté que Dieu y a placé pour jamais, il cède son tour à un autre auteur mourant, M. Brault, et il ajoute ces mots qu'il faudrait graver sur le marbre :

« Je donnai à M. Brault mourant « mon tour de *Christine*. Je crois, autant « que je puis me le rappeler qu'il eût « la satisfaction de voir la représenta- « tion avant sa mort. J'étais payé. »

Le mot « patricien » devient doux, mis sur une poitrine où bat un tel cœur.

Et cette bonté allait si loin qu'un jour, lors de son voyage à Villers-Cotterêts, en 1863, il arrive à Alexandre Dumas une aventure assez piquante, racontée par son discret admirateur qui ne perdait jamais une occasion de signaler ce qui pouvait intéresser la gloire de Dumas.

« Un brave homme de Boursonnes se présente un matin, avec son fils, jeune gars de douze à quatorze ans, dans la solitude de Troësne, où le maître travaillait tranquillement, ajoutant une page splendide à son histoire des Bourbons de Naples.

— Que désirez vous ? demanda-t-il au visiteur rustique.

— Ben, Monsieur, répondit celui-ci en tournant sa casquette entre ses doigts, je vous amenons mon garçon pour que vous le preniez comme apprenti et que vous y montriez votre métier.

— Merci, mon brave, mais je n'ai pas besoin d'apprenti.

— C'est que voyez-vous, insista l'homme, on dit qu'on gagne beaucoup d'argent dans votre état, et je serions ben aise que mon garçon l'apprenne ; au bout de trois ou quatre ans d'apprentissage il pourra travailler aussi bien que vous et moi.

— Et cela lui irait de gagner cent mille francs par an.

— Oui, riposta le jeune candidat littérateur, et je ne serais pas longtemps à les gagner, Monsieur, je suis le plus fort de chez nous, j'ai eu l'année dernière le premier prix d'écriture à l'école de notre village.

— Et puis, continua le père pensant avoir trouvé un argument irrésistible, vous pouvez le prendre sans crainte, je ne vous demande rien.

— Je ne vous demande rien non plus, — laissez moi tranquille, fit l'auteur de *Monte-Christo* impatienté à la fin de tant d'insistance. »

Eh bien ce même homme qui écoutera jusqu'au bout les niaiseries de ce rustique paysan vil et méprisable, et lui dira finalement: « Je ne vous demande rien » est le même qui en auscultant son siècle, va savoir quelle fièvre agite le corps social.

Nous avons déjà parlé de cette étude sur Alfred de Musset et nous avons vu que Dumas avait pour ainsi dire reconnu quelle maladie minait ses contemporains. La citation que nous avons faite, a montré l'ampleur du génie et du coup d'œil de l'écrivain.

Ici c'est la sagacité du médecin qui va

apparaître dans toute sa grandeur. C'est la cause du mal qu'il a reconnu que Dumas va chercher. Qu'on relise ces pages de la biographie d'Alfred de Musset, pages si vivantes et si pittoresques. Qu'on s'empreigne surtout de cette pensée si puissante qui devinait sous la plaie les racines empoisonnées qui entretenaient le virus !

Il faudrait tout citer. On ne peut en quelques mots résumer le magnifique et pittoresque développement de cette pensée que les fils de 1830, préparés par leurs pères à la carrière des armes et aux grandes luttes, trouvèrent devant eux le repos et le néant. « Tous ces gla-« diateurs frottés d'huile, se sentaient « au fond de l'âme une misère insup-« portable ; les jeunes gens voyaient se « retirer d'eux les vagues écumantes, « contre lesquelles ils avaient préparé « leurs bras. »

Quel médecin penché sur la poitrine du malade peut mieux établir la cause du mal qui ronge le patient.

Quand on est pauvre et fier, quand on est riche (et triste
On n'est plus assez fou pour se faire Trappiste
Mais, on fait comme Escousse, on allume un ré-(chaud.

Ainsi s'écriait Alfred de Musset que sa torture brûlait.

Pourquoi ? Le jovial patricien répond, et lui,que le mal n'a pas atteint encore, mais qui ne pourra remédier au fléau, passe comme le sage insoucieux de la grandeur et de la richesse, vivant de la vie intellectuelle, jouissant de tout et laissant son cœur se répandre pour rendre heureux les trompeurs qui l'entourent.

Il semble qu'à ce siècle malade, Dieu, dont les desseins sont impénétrables, ait voulu donner un conteur pour le distraire sur son lit de douleur. Gai lecteur auprès du lit du malade, Alexandre Dumas a charmé le patient ; mais, sentant aussi l'étincelle divine passer en lui, il a deviné pourquoi le malade gisait sur sa couche et pourquoi la plaie grandissait toujours.

Nous avions bien raison de dire que ce mot de patricien prenait sur le front du grand écrivain, une allure de bonté et de grandeur tout à la fois. Le génie est là simple et grand ; le cœur y est aussi, et voilà les contes et les récits, coulant enchainés et réjouissant ces hommes qui, en méconnaissant Dieu se sont broyé l'âme.

Et, quand on reconnait en Dumas cette double personnalité de conteur charmant et sans prétention et de prophète sagace, ne faut-il pas encore se demander le secret de cette double nature, à la belle forêt de Villers-Cotterêts qui l'a vu naître.

A la campagne, parmi les bergers qui gardent les troupeaux, il en est qui passent pour guérir des maux incurables. On va les trouver en secret, de peur de les compromettre et de les amener devant les magistrats ; on les écoute avec avidité ; et, on croit quelquefois à leur utilité.

Quelques-uns d'entre eux sont sincères et parfois les remèdes qu'ils recommandent sont bons et efficaces.

D'où leur vient cette science ? De l'observation des plantes, d'un don naturel, de la fréquentation de la nature ;

d'une sorte d'intuition que le Créateur leur a donnée.

Cette disposition de l'esprit est excitée par le contact des bois, des forêts et des eaux et la légende du margrave est le symbole à la fois gracieux et précis de cet effet de la nature et convient bien à Dumas dans ses rapports avec la forêt de Villers Cotterêts et son siècle.

Ce margrave a été le jouet d'un magicien. Il est possédé du démon des eaux et ne peut passer une rivière sans être tenté de s'y précipiter. Il recueille une jeune fille mourant de faim qui a passé sa vie dans les forêts et les champs. La jeune fille instruite dans l'art des simples, sauve son bienfaiteur; mais, en le soignant, elle prend le mal, est possédée du démon des eaux et le margrave est guéri Cette jeune fille en proie à son délire se jette dans une rivière et le margrave qu'elle a sauvé la sauve à son tour.

Tel Dumas. Nourri dans une belle forêt, il a appris l'art de soigner, en lui racontant des histoires, la France possédée par le démon des révolutions et le mal du siècle, puis aimant la France comme cette jeune fille aimait le margrave, il a pris son mal et est mort. Puisse la France, se souvenant à son tour de son grand conteur, l'arracher à la mort et à l'oubli en le replaçant sur un piédestal indestructible.

Ce qui caractérise le plus Alexandre Dumas, c'est la franchise et la simplicité avec laquelle il aborde et traite les plus grandes questions.

Cette franchise, cette simplicité d'allure se retrouvent dans l'intérieur de Dumas même. Pas de recherche. Tout plein de son imagination c'est un méridional toujours en dehors, toujours au grand soleil.

C'est lui qui donne 20 francs à un garçon de restaurant pour aller acheter un tire-bouchon.

Le nigaud rapporte vingt tire-bouchons, et Dumas de rire.

Joviale nature qui n'a connu les difficultés de la vie que pour les maudire et les abaisser sous son radieux génie.

Dans un petit écrit intitulé Alexandre Dumas et le diable par Jean Rousseau, où l'écrivain dépeint le cabinet de travail de l'illustre romancier, on trouve ce qui suit :

Une petite pièce, très étroite et pas ornée. L'ameublement consiste en ceci : pas de tableau, pas de glace, pas de pendule, à peine une ombre de table et deux soupçons de fauteuils, eeux-ci en tapisserie. Du reste un très beau désordre, effet de l'art le plus raffiné ! Partont sur le plancher, dans la poussière des tas de journaux, des livres, des manuscrits.

Cette description est confirmée par celle de M. M .. son admirateur qui va bientôt solliciter de lui l'honneur d'une préface pour son livre sur la forêt de Retz.

Ce rapprochement même n'indique-til pas que le grand écrivain vivait toujours en dehors et qu'il se souvenait sans cesse de ses chasses dans la forêt. Cette forêt de Retz était bien le seul cabinet de travail de Dumas père ; c'est là qu'il avait puisé la sève, c'est la nature qu'il lui fallait avec son ampleur, son abondance et sa luxuriante végétation.

Nous laissons la parole à M. M..., qui

va nous raconter le récit de sa visite et qui reproduira les paroles mêmes du maître, si pleines de bonté et de souvenirs.

« C'était un beau jour de printemps. soleil radieux, ciel pur, temps d'une douceur exquise, après avoir longtemps hésité, je me décidai enfin à aller rendre visite à l'illustre romancier.

« Je m'acheminai donc vers la rue Malhesherbe. En chemin je préparai un petit speech d'introduction qui, s'il n'avait rien de cicéronien, devait néanmoins me faire, selon moi, acquérir les bonnes grâces du maitre. Cette improvisation, brève mais topique, me paraissait assez réussie. J'étais content de moi.

« Dans cette disposition d'esprit satisfaisante, j arrivai au n° 107 du boulevard Malesherbes.

« Là, le cœur commençait à battre violemment.

« J'entrai sous la grand'porte et demandai au concierge :

« — M. Alexandre Dumas !

Tranquillement assis dans un fauteuil, et occupé à lire un journal, le concierge répondit d'un ton sec, comme quelqu'un qu'on ennuie et sans même détourner la tête :

— Au quatrième, la porte à gauche.

Je montai l'escalier lentement Cet accueil m'avait paru de mauvais augure. Au dernier étage surtout, mes jambes fléchissaient, je suais à grosses gouttes et me demandais : — Dois je entrer ?

Un instant j'eus l'idée de redescendre l'escalier et de m'en aller. Un domestique qui arrivait derrière moi fut cause que je continuai de monter.

Au 4e étage, — (comment ? dira-t-on, Alexandre Dumas, le premier des dramaturges, le charmeur, loge au 4e étage ! Il n'a pas un hotel à lui. Hélas ! non, celui qui posséda le chateau de Monte-Cristo, cette merveille, l'auteur des Mousquetaires n'a pas un hôtel à lui ; non, il reste au 4e étage, ni plus ni moins qu'un poëte inconnu.)

Je sonne à gauche.

Cette action insignifiante me fait trembler malgré moi et je me dis :

— S'il pouvait être occupé.

Aussitôt la porte s'ouvre, une jeune

femme, petite, mince, brune, vive, apparaît :

— M. Alexandre Dumas, lui dis-je

Avant de répondre elle me toise de la tête aux pieds.

Je ne sais s'il est ici, dit-elle. Je vais voir ; si Monsieur veut me dire son nom.

— M... de Villers-Cotterêts.

— Je vais voir si Monsieur est là

Elle sortit, me laissant dans l'antichambre toute petite. On dirait l'antichambre de Socrate. Deux minutes après la même domestique revient.

— Si Monsieur veut entrer dans la bibliothèque, Monsieur va venir.

Elle me fit passer par un corridor que fermait un rideau; à gauche, se trouvait un grand tableau de Delacroix représentant une scène du Romancero. Don Rodrigue à cheval, sur le champ de bataille.

Elle ouvre la seconde porte à droite, et me voilà dans le sanctuaire. La pièce est petite, les livres peu nombreux, pas même les siens ! environ 20 rayons pleins de volumes. Et c'est tout.

Mais ma poitrine est oppressée, à peine

puis-je voir mes yeux se troublent. Ma mémoire se perd J'oublie tout.

Bientôt un bruit de pas arrive jusqu'à mes oreilles ; je sentais ma tête en feu.

Dumas parait.

S'il m'eut fallu parler, c'eut été impossible.

Heureusement, avec son grand et bon sourire il vint à moi et me tendit la main

Je la lui serrai avec effusion.

Il me fit asseoir et se rendant compte de mon émotion comme si lui-même l'eût déjà ressentie, il me dit du ton le plus affable :

— Soyez le bien venu, mon cher compatriote !

Je ne sais vraiment ce que je balbutiai pour lui répondre. Mais, lui, comprenant mon embarras, et afin de me mettre à mon aise, me dit :

— Vous arrivez de Villers Cotterêts. Vous allez me donner des nouvelles de mes vieux amis de là bas. Duez, d'abord ; il va bien.

Oui.

— Vous devez connaitre Saunier, qui

jouait de la flute ; Bligny, que j'ai si bien rossé le jour de mon entrée au collège de l'abbé Grégoire ; Arpin, qui venait avec moi à la marette et à la pipée....

— Je les connais tous.

— Et mon ami Cartier possède-t-il toujours la maison où je suis né, rue de Lormet ? J'espère qu'il voudra bien me la vendre un jour, quand je serai riche, pour que je retourne dans la nuit de l'avenir, au même endroit où je suis sorti de la nuit du passé.

Cette extrême bonhomie, cette suprême bienveillance du grand homme m'avait remis bientôt, et devant cet accueil je perdis ma timidité habituelle.

— Mais je bavarde, continue le maître, parlons un peu de vous, que faites-vous ?

— Il y a quelques années, étant clerc de notaire à Villers-Cotterêts, je fûs votre correspondant pour le *Mousquetaire* et le *Montecristo*.

— Oui, je me souviens même que vous n'avez pas été très heureux ; quant au nombre.

— Hélas ! je fis tous mes efforts. mais

je n'ose vous dire les réponses qui me furent faites

— Je les devines... et puis, fit-il d'un ton plus philosophique que mélancolique, nul n'est prophète dans son pays. . et maintenant ?

Maintenant je suis toujours clerc de notaire, mais je reste à Paris, et je fais des livres de droit.

— Diable ! de droit ?

— Oui, et, entre temps. pour me distraire, j'ai essayé l'histoire de notre pays natal.

— Charmant cela.

— Et c'est même à cause de cet ouvrage que j'ai pris la liberté de venir vous ennuyer ...

— Allons donc ? un compatriote ne m'ennuie jamais, surtout quand c'est un piocheur comme vous. Continuez, jeune homme, l'avenir est à vous . . ah çà ! dites donc, vous trompez joliment votre monde, vous ; vous paraissez tout jeune encore. timide comme une jeune fille, et vous faites des livres de droit et d'histoire.. fallait me prévenir vous allez voir qu'il fait des vers aussi.

— Mais je ne les publie pas.

— Pourquoi, c'est un tort. Voyons, nos grands arbres de la forêt ne sont donc pas toujours verts, le rossignol ne chante-t-il pas toujours le soir dans les taillis sombres, notre immense parterre n'est-il pas toujours comme un tapis de verdure émaillé de fleurs.

— Toujours.

— Alors que craignez-vous ? mais vous me parliez tout à l'heure de votre histoire.

— Oui, je vous disais que j'avais pris la liberté de venir vous demander si vous vouliez bien en accepter un exemplaire comme hommage de mon admiration pour votre merveilleux génie, ce sera le salut militaire du simple soldat à son glorieux général.

— Merci, j'accepte, de plus, si cela ne vous déplait pas, je vous écrirai quelques pages pour mettre en tête de l'ouvrage.

— Comment vous remercier, maître ?

— Vous ne me devez pas de remerciements c'est moi au contraire qui suis heureux que vous ayez pensé à moi.

— Je ne pouvais faire moins pour le plus illustre de nos compatriotes.

Le grand écrivain me parla ensuite du commencement de sa carrière littéraire, de ses premiers succès et des ennuis inséparables des débuts, ennuis rachetés par de si éclatants triomphes.

Il est impossible de reproduire cette causerie étincelante, véritable feu d'artifice prodigué pour moi seul. Comme je me trouvai humble devant ce titan littéraire, qui, en se jouant, avait fait plus que les douze travaux d'Hercule, avait entassé chef d'œuvre sur chef d'œuvre, Pelion sur Ossa.

En prenant congé de lui, il me renouvela sa promesse et me tendit les bras. Je pleurais de joie et d'enthousiasme.

— A bientôt mon jeune ami, fit-il.

Descendant vivement l'escalier, je passai haut et fier devant la concierge et dans la rue, je relevais la tête, semblant dire à chacun : — Vous n'avez pas vu Dumas, vous ! il ne vous a pas appelé son ami, vous ! il ne vous a pas serré dans ses bras, vous !»

Cette conversation ne montre-t-elle pas Dumas tout entier ? Il s'inquiète de ceux du pays, il a conservé leurs noms et le souvenir de leurs attributions spéciales. C'est toujours cette largeur de cœur et cette grandeur de l'esprit qui. ne pouvant se mouvoir ailleurs, va produire les chefs d'œuvre de la vie factice du théâtre.

V.

Dans son drame de *Caligula*. l'idée de l'empereur romain se fait jour, et il semble que devançant les découvertes de l'épigraphie, Dumas ait entrevu la Rome ancienne.

Et si nous plaçons ici, en parlant de Dumas a Villers-Cotterêts, l'examen de cette pièce, c'est qu'elle va nous fournir un terme de comparaison avec celle qui fut représentée, Dumas présent. à Villers-Cotterêts en 1865. Par le souffle impartial qui l'anime, elle semble, comme les ruisseaux de la forêt refléter ce qui se passe dans le temps sans que son onde en soit troublée.

Dumas, comme tout les véritables maîtres du théâtre était un miroir où se réfléchissait la passion de son temps. L'obéissance et l'admiration des grands artistes pour lesquels il faisait un rôle, facilitaient encore au dramaturge l'accomplissement de sa mission.

Au seul son de sa voix l'acteur fuit ou bien tremble, pouvait on dire en parodiant un vers célèbre.

Son habileté scénique et ce pouvoir incontesté sur le monde du théâtre, faisaient voir au grand écrivain, bien avant les découvertes épigraphiques la vérité tout entière. Il semble qu'en écrivant Caligula, Dumas ait assisté par avance aux leçons de M. Gaston Boissier.

Les empereurs romains apparaissent dans la tragédie de Dumas comme ils étaient réellement, des hommes ni bons, ni mauvais, devenant fous par excès de pouvoir. A ce propos M. Boissier, l'éminent professeur du collège de France fait un rapprochement aussi juste que saisissant.

Il y a dans l'Afrique centrale, d'après le célèbre Livingstone des tribus de nègres gouvernées par des despotes fort redoutables. Ce despotisme est tempéré par le lacet que les sujets nègres sont toujours à même de passer autour du cou de maîtres trop exigeants. Quand

Il y a conflit entre le maître et ses sujets, la perspective d'une révolte et l'usage d'un pouvoir trop absolu fait perdre la tête au pauvre roi nègre. Il est devenu fou, disent ses sujets. Il en était de même des empereurs romains. Ne connaissant pas les limites de leur pouvoir, capables de tout faire et ayant tout à redouter ils devenaient fous.

Ce contraste saisissant, confirmé par les découvertes épigraphiques, est admirablement indiqué par Dumas.

Caligula qui va faire enlever sa sœur de lait Stella, qui trompe impudemment sa nourrice, qui a toutes les fantaisies du despote absolu, se met à trembler comme un enfant en entendant gronder le tonnerre, et dit à ses esclaves:

Demeurez tout le temps qu'au dessus de ma tête,
Esclaves, grondera cette horrible tempête;
Tant qu'un dernier éclair sillonnera les cieux
Esclaves, sur vos jours, ne quittez pas ces lieux.
C'est le maître du ciel dont la jalouse rage
Dirige contre moi cet effroyable orage.
O Jupiter tonnant! Apaise ton courroux!
Je ne suis pas Dieu! Non. Un éclair! à genoux!
Allons, encore un coup qui passe sans m'atteindre.

C'est bien là le choc entre l'orgueil et

la peur. Quand le cerveau humain est ainsi agité, l'équilibre est bien vite rompu ; d'autant plus que cette passion du pouvoir, est d'une intensité effrayante caractérisée à la fin du drame de Dumas par cette exclamation de Messaline,

A moi l'empire et l'empereur.

C'est en présence de la facilité incroyable du dramaturge conquérant que le témoin de cette marche triomphale de Dumas à travers la scène française, son admirateur va, lui aussi, s'essayer au drame et à la tragédie. Quand après *Caligula*, il aura lu l'*Alchimiste* et après cette pièce, *Henri III et sa cour*, *Antony* et tous ces noms glorieux que le public acclamait, quand il aura lu les mémoires du maître sur la manière dont il fit sa première pièce, il suivra le même chemin.

Nous allons voir pour ainsi dire éclore sous le souffle de ce patricien de l'intelligence une production nouvelle. Son imitateur va marcher sur la même voie et produire un drame qui, joué en notre temps, peut devenir la source de succès féconds et brillants.

On se rappelle comment et combien spirituellement Dumas a raconté ses démêlés avec Mlle Mars, quand il eut l'intention de faire représenter Christine de Suède.

On n'a pas oublié qu'emporté par sa généreuse nature, il fit cadeau de son tour et de sa place à M. Brault alors agonisant. On sait qu'il a raconté lui-même la façon dont il fit le drame intitulé *Henri III et sa cour*, et qui devait avoir un si grand retentissement.

Nous laissons la parole à Dumas lui-même.

— Alors, maintenant qu'il est bien entendu que, s'il est possible, vous rendez le rôle à Ligier, et que notre distribution principale est faite, ou à peu près, voulez-vous que je vous fasse quelques observations sur quelques-uns de vos vers ?

— Comment donc, madame ! mais je les recevrai à genoux.

— Oh ! à genoux, à genoux ; je connais cela.

— Quelles observations, madame ?

— Eh bien, il y a d'abord dans ma scène du premier acte, entre moi, La Calprenède... A propos, qui joue La Calprenède.

— Samson.

— Pas mal. Eh bien, il y a dans cette scène-là une vingtaine de vers que je n'aime pas.

— Une vingtaine de vers? Diable!

— Oh! moi, vous savez, je suis saint Jean Bouche-d'or.

— Vous êtes mieux que cela, vous êtes sainte Jeanne Bouche-de-perle.

Elle me regarda.

— Ah! c'est vrai, dit elle, vous êtes du pays de Demoustier.

— Et quels sont ces vers?

— Attendez, attendez.

Et elle tira de sa poche un rouleau.

— Qu'est-ce que c'est que cela? demandai-je.

— Mon rôle.

— Déjà copié?

— Non seulemement déjà copié, mais déjà su.

— Je vous en fais mon compliment.

Mademoiselle Mars ouvrit son rôle

juste à l'endroit où se trouvaient les vers qui lui déplaisaient...

Je fus donc tout abasourdi, je l'avoue, que ce fût sur ces vers-là que tombât la censure de mademoiselle Mars. Aussi les défendis-je avec acharnement.

Au bout de quelques minutes de discussion, mademoiselle Mars se leva, et, d'un air aussi pincé en sortant qu'il avait été gracieux en entrant :

— Eh bien, soit, fit-elle, puisque vous y tenez tant, on les dira, vos vers ; mais vous verrez l'effet qu'ils feront.

Hélas ! je n'eus pas la satisfaction de voir l'effet qu'ils faisaient, dans cette jolie bouche du moins. Non-seulement mademoiselle Mars ne les dit jamais devant le public, puisque la pièce ne fût pas jouée mais encore, quoique la pièce ait été répétée, elle ne les dit jamais devant moi.

A la première répétition, comme le souffleur lui envoyait ces vers, qu'il croyait oubliés par elle :

— Passez ! passez ! dit-elle ; l'auteur compte les couper.

Après la répétition, j'allai à Garnier.

—Mais non, lui dis-je, je ne compte pas

du tout couper ces vers-là. Je compte, au contraire, les laisser et désire qu'ils soient dits.

— Ah diable ! fit Garnier.

— Quoi, « Ah diable ! »

— Je vous entends bien, et je demande ce que signifie *Ah diable !*

— Cela signifie que, si mademoiselle Mars ne veut pas dire vos vers, elle ne les dira pas.

— Comment, elle ne les dira pas ?

— Non. Ecoutez ; je la connais...

— Je n'en doute pas.

— Je la souffle depuis trente ans ; c'est comme si je l'habillais.

— Cependant, si l'on joue la pièce, il faudra bien qu'elle les dise.

— Oui, si elle joue la pièce, mais elle ne la jouera pas.

— Soit ; une autre la jouera alors. Ce n'est pas moi qui lui ai offert le rôle, c'est elle qui me l'a demandé !

— Ça n'y fait rien ; elle ne la jouera pas, et une autre ne la jouera pas. Oh ! je la sais par cœur, la sirène.

Et la pièce, en effet, ne fut pas jouée à la Comédie-Française.

Et Dumas ajoute : Garnier me souffle tout bas l'avis suivant :

« Faites une pièce ; donnez le rôle à mademoiselle Mars. Ne lui faites pas de vers de trente-six pieds au lieu de vers de douze. Ne la contrariez en rien ; votre pièce sera jouée. »

Cette autre pièce, qui devait être un triomphe pour l'écrivain, une fête de l'orgueil, comme il le dit lui-même, va jaillir toute faite du cerveau de l'écrivain, après la lecture d'Anquetil.

« Je jetai (c'est Dumas qui parle) machinalement les yeux sur le volume, et je lus à la page 95 les lignes suivantes :

« Quoique attaché au roi, et par état ennemi du duc de Guise, Saint-Mégrin n'en aimait pas moins la duchesse Catherine de Clèves, et l'on dit qu'il en était aimé. L'auteur de cette anecdote nous représente l'époux indifférent sur l'infidélité réelle ou prétendue de sa femme ; il résista aux instances que les parents lui faisaient de se venger, et ne punit l'indiscrétion ou le crime de la duchesse que par une plaisanterie.

« Il entra un jour de grand matin dans sa chambre tenant une potion d'une main et un poignard de l'autre. Après un réveil brusque, suivi de quelques reproches :

« — Déterminez-vous, lui dit-il d'un ton de fureur, à mourir par le poison ou par le poignard.

« En vain demanda-t-elle grâce, il la force de choisir. Elle avale le breuvage et se met à genoux, se recommandant à Dieu et n'attendant plus que la mort. Une heure se passe dans ces alarmes. Le duc alors rentre avec un visage serein et lui apprend que ce qu'elle a pris pour du poison est un excellent consommé. Sans doute, la leçon la rendit plus circonspecte par la suite. »

Je ne sais pourquoi l'anecdote, comme l'appelle M. Anquetil, me frappa. J'empruntai le volume et j'eus recours à la *Biographie*, article Saint-Mégrin.

La *Biographie* me renvoya aux *Mémoires de l'Estoile*. »

Son imitateur allait le suivre dans cette voie et, en arrivant à un résultat semblable, créer un nouveau chaînon entre le maître et lui. La pièce qu'il fit et dont nous donnerons tout à l'heure l'analyse, n'a pas encore été jouée, mais elle a été lue à M. Jules Janin, qui en reconnut la filiation. L'illustre critique auquel M. M. lisait cette pièce interrompit l'auteur à l'une des scènes les plus mouvementées du drame : « C'est comme dans *les Mousquetaires*, » dit-il.

Ce drame qui a pour sous-titre : *la Tour de Montlhéry*, a été tiré d'un roman de M. Viennet. Il peint la lutte des seigneurs féodaux contre le roi Louis-le-Gros. Des jeunes gens appartenant aux camps opposés s'aiment, se cherchent et viennent mettre les nuages roses de l'amour sur ce champ de carnage.

Au-dessus de la puissance royale, de la fierté du gentilhomme et de la révolte du bourgeois, l'autorité ecclésiastique semble offrir sa puissante médiation, et il va se trouver que peut-être cette pièce, faite à l'imitation du grand écrivain, va servir de leçon à notre époque troublée.

On nous dira : mais nous voilà bien loin de Villers-Cotterêts. Pas le moins du monde ! Avant de parler de la représentation des *Forestiers,* qui eut lieu,

Dumas présent. dans sa ville natale, il fallait dire quelques mots du génie dramatique de Dumas et montrer ensuite l'éclat de son intelligence et de sa pensée venant frapper les échos du pays natal.

Celui que nous avons montré tout à l'heure dans le cabinet de travail de l'illustre romancier, et à Villers-Cotterêts avait d'abord songé à voir Lamartine qui lui avait écrit et l'avait encouragé à imiter le Tailleur de Saint-Point.

Par hasard, ne trouvant pas l'illustre poète chez lui. M. M. redescendra sur les quais, trouvera le roman de M. Viennet : *la Tour de Montlhéry*. Il le lira ; l'idée d'un drame germera dans sa tête ; il se mettra à l'œuvre tout plein des souvenirs du succès de celui qu'on nomme le maître du théâtre.

Nous laissons la parole à l'auteur de *Luciane de Montfort* ; nous retrouverons presque l'odyssée du Théâtre-Français et l'entrevue avec Mlle Mars ; nous aurons un récit piquant sur M. Viennet à l'Académie-Française et une anecdote calquée sur celle que raconte Alexandre Dumas après qu'il a lu Anquetil :

La séance était commencée depuis un peu de temps. Un membre se lève.

Un petit vieillard vif, alerte, la physionomie fine et spirituelle, la lèvre plissée par un sourire moqueur.

— M. Viennet.

Il lut, d'une voix assez forte pour être entendu par tout le monde, une de ces fables politiques si pétillantes d'esprit, si fines d'allusions, si pleines d'à-propos même encore aujourd'hui. On sentait la pointe piquer sous les fleurs, on voyait percer l'aiguillon sous la rose.

Malgré moi, je pensai à notre inimitable La Fontaine ; comme lui, M. Viennet cachait, sous l'apparence de la plus franche bonhomie, un grand fonds d'ironie et de malice.

J'étais enthousiasmé...

Ce malin vieillard, que l'on ne connaissait guère alors que comme l'auteur malmené d'*Arbogaste* et autres tragédies de même genre, se trouvait métamorphosé à mes yeux.

J'avais cru le trouver ridicule et je le voyais sublime.

Je sortis de la salle sous cette impression, oubliant Lamartine, oubliant tout.

En sortant du palais de l'Institut, je jetai un coup d'œil sur les livres étalés par les bouquinistes.

O bonheur! l'un des premiers ouvrages était intitulé : *la Tour de Montlhéry*, roman par M. Viennet.

Je m'empressai d'acheter le volume, et tout courant, j'allai le dévorer sous les ombrages touffus des allées du Luxembourg.

M. Viennet romancier! Encore une nouvelle face de ce talent multiple qui m'était révélée.

Je ne pensais plus à *Arbogaste* : la lecture attrayante du roman m intéressa au plus haut chef, et dans ces pages ardentes et belles, on ne peut se défendre d'une certaine émotion.

. La lecture finie, je fus tout étonné, en repassant les chapitres de ce roman, d'y trouver, presque tout fait, un de ces grands drames, pleins d'émouvantes péripéties, de mouvement et de pathétique.

A mes yeux se présentait cette architecture au style ogival flamboyant, ces hautes tours de la féodalité, à créneaux et à machicoulis.

A travers ces décors, se promenaient des personnages en costume du XIIe siècle.

Les seigneurs portaient l'armure de fer ou la cote de maille, et chez eux le surcot avec l'aumonière ; les dames vêtues de la « cote hardie, » parfois du manteau fourré d'hermine ou de menu-vair, la tête couverte du bonnet en pointe d'où pendait un voile entourant le cou et les épaules comme une guimpe de religieuse.

Costumes magnifiques et sévères à la fois.

Succès de larmes et de décors.

Cette idée éclose, j'en fis part à M. Viennet, lui communiquai mes impressions et le priai de m'autoriser à essayer d'arranger pour la scène son roman de la tour de Montlhéry.

Il y consentit le plus gracieusement du monde.

Le drame terminé, j'allai le lui communiquer. Il y fit de légers changements et me souhaita bonne chance.

Je présentai l'œuvre ainsi éclose d'abord au Châtelet : le directeur conserva le manuscrit six mois et me répondit :

— Votre pièce est trop littéraire pour notre théâtre.

Du Châtelet, j'allai voir M. Harmand, alors directeur de la Gaîté. Nouvelle attente de quelques mois et réponse à peu près en ce sens :

Votre pièce a trop de mouvement pour notre scène ; elle conviendrait mieux au Châtelet.

Ces deux réponses se combattant l'une par l'autre, ne me surprirent pas trop

Les honorables directeurs des théâtres ne s'étaient point donné la peine de lire le manuscrit. — Au seul nom de M. Viennet, ilsse ressouvinrent d'Arbogaste et du ridicule dont on l'avait couvert.

Sans chercher à savoir si cette couronne d'épine était méritée ou non, sans même tourner le premier feuillet du manuscrit, l'ouvrage était condamné.

Pourquoi ?

A cause du seul nom de M. Viennet !

Et pendant ce temps que faisait-il, cet illustre tombé ? Il célébrait la gloire de sa patrie ; il polissait les derniers vers de la Franciade ; il consacrait ses derniers jours à la France, qu'il adorait, et dont les enfants l'abreuvaient de tant d'ingratitude.

Il se prit à sourire, quand je lui racontai mes pérégrinations infructueuses. Comme fiche de consolation, il me lut sa dernière fable et le dernier chant de sa Franciade.

Il avait 88 ans alors et avec philosophie, il me dit :

— Si je faisais les démarches moi-même, je ne serais pas plus heureux que vous.

Ainsi, il en convenait : son rare mérite ne parvenait point à ôter le stigmate attaché à son nom.

Le temps lui-même, ce grand niveleur, a été impuissant à en effacer la trace.

Quelques littérateurs d'élite, quelques amateurs délicats restent seuls à apprécier, selon leur valeur, les œuvres de M. Viennet.

Ce digne et respectable écrivain est mort sans avoir vu jouer ce drame, sans savoir même s'il verrait un jour le feu de la rampe.

Devant la réponse peu encourageante

des deux théâtres, je me pris à douter de la valeur littéraire de la pièce.

Quand on voit, comme dit Alfred de Musset :

Quand on voit trébucher ceux qui dans la carrière
Debout depuis vingt ans sur leur pensée altière
Du pied de leurs coursiers ne doutèrent jamais.

Lorsque des maîtres du théâtre, comme Scribe, Alexandre Dumas, Emile Augier, Octave Feuillet, Sardou, tous enfin ont leurs heures de faiblesse et se trompent, pourquoi ne me tromperais-je pas ? Si vraiment, j'ai caressé une chimère, ce qui après tout est bien possible ; très bien ! je mettrai ma prose de côté et je n'y penserai plus.

Pour me fixer définitivement sur ce point, je fis appel au prince des Critiques, l'excellent Jules Janin.

Il me fixa un jour, un beau jour d'été, dans son ravissant châlet de Passy et, tous deux assis sous un ombrage frais, lui écoutant, moi tremblant d'émotion, je lui lus toute la pièce ; il n'échappa pas une scène, pas un mot.

De temps en temps, il hochait la tête ou faisait un signe approbateur ou une observation toujours juste, toujours sincère.

Je pris note de ses observations très soigneusement.

Et quand tout fut fini, l'auteur de l'*Ane mort* me dit :

— Vous avez tiré un bon parti du roman de M. Viennet. Votre drame n'est pas un chef-d'œuvre transcendant, mais il a du mouvement, des situations heureuses, de belles scènes nouvelles au théâtre, du pathétique ; il peut réussir tout aussi bien que tant d'autres. Mais les directeurs n'osent pas s'aventurer contre le préjugé.

Tel fut l'avis de Jules Janin.

Depuis, ce manuscrit sur lequel l'ancien doyen de l'Académie a fait quelques corrections de sa main tremblante, est resté dans un tiroir précieusement conservé.

Je ne tire la pièce de mon tiroir, ajoute l'auteur, qu'à la prière de mes amis. » Aussi est-ce pour Dumas que nous allons l'analyser.

Le sire de Montlhéry lutte contre le roi de France. Il veut épouser Luciane de Montfort. Luciane de Montfort aime Milon qui appartient au parti du roi.

Amaury de Montfort marie sa fille malgré elle à Crécy. La jeune fille a près d'elle une suivante que Crécy a séduite. La suivante, cachée sous le voile de la fiancée, remplace à l'autel, par suite d'un stratagème bien trouvé, la véritable Luciane qui fuit vers le roi pour demander justice. Crécy ne s'en aperçoit qu'après la cérémonie ; il court à Paris auprès de Suger dont Milon est l'élève, et après avoir blessé Milon il fait enlever Luciane aux côtés de la reine. Il revient dans son château et met en présence Luciane et sa suivante qui est aussi de noble race, mais dont la naissance a été cachée jusque là, parce que sa mère l'avait donnée à des bohémiens et que cette mère dénaturée était Bertrade de Montfort, la tante de Luciane, autrefois la reine de France. Au dernier tableau, le roi Louis VI vient réclamer Milon, que Crécy a emprisonné, et les assiégés ne lui jettent qu'un cadavre. Crécy se rend enfin et Luciane se retire au couvent

Dans tout le cours de cette pièce l'influence de l'autorité ecclesiastique a seule empêché des ennemis acharnés d'en venir à de terribles extrémités.

En présence des divisions continuelles qui signalent les temps de la féodalité et le règne des premiers Capétiens, l'influence du clergé a tout apaisé. C'est comme ce beau liseron blanc qui poussa en une nuit autour de l'épée que Procope-le-Tondu, fanatique hussite, avait plantée au seuil d'un couvent qu'il allait piller. En voyant la blanche fleur humecter d'une goutte de rosée échappée de son calice la poignée du sabre; à l'aspect des filles du Christ priant, portes ouvertes, le maître du monde, le farouche hérésiarque se retira confus et tremblant.

Telle apparaît l'autorité religieuse dans la pièce intitulée *Luciane de Montfort ou la Tour de Montlhéry*.

Ce drame ne pourrait-il pas être une leçon pour notre temps, et l'heureux auteur de *Henri III et sa Cour*, de l'*Alchimiste*, *de Caligula* et d'*Antony*, n'aurait-il pas laissé là comme une étincelle de son génie?

En donnant à son admirateur timide et discret le goût du théâtre, le fécond romancier n'aurait il pas gardé pour ce siècle, qui l'a tant fêté, comme un suprême et dernier avertissement.

Après avoir charmé toute notre époque troublée, le grand conteur n'aurait-il pas ainsi, par l'intermédiaire de celui qui aujourd'hui garde pieusement son souvenir, produit un drame destiné, lui aussi, à faire époque et à frapper nos esprits blasés.

Da facilem cursum atque audacibus annue cœptis, disait Virgile à la Divinité, et nous, nous dirons à ceux qui nous lirons, à ceux qui nous écoutent : lisez *Luciane de Montfort*, regardez ce nouveau chaînon qui relie au maître du théâtre son admirateur et son élève ; et vous trouverez que le génie d'Alexandre Dumas a produit encore à Villers-Cotterêts des fruits inconnus.

Semblable à ces fleurs des tombes qui paraissent vouloir rendre dans leurs parfums l'âme de ceux qui ne sont plus, ce dernier souvenir du grand romancier peut, si la pièce est jouée quelque jour, faire revivre aux yeux de notre génération le souvenir des triomphes littéraires d'Alexandre Dumas, ces fêtes de l'orgueil, comme il les appelait si naïvement.

C'est à l'une de ces fêtes que nous allons assister, en attendant la représentaiton du drame intitulé : *la Tour de Montlhéry*. Nous sommes à Villers-Cotterêts, et l'on y représente *les Forestiers*. Dumas s'est souvenu de son pays natal, de sa belle forêt, et il a fait jaillir de son puissant cerveau un conte tout simple.

Par un hasard trop étrange pour ne pas l'attribuer à la Providence, voilà que cette simple histoire des forestiers, encadrée par les ombrages touffus d'une forêt princière, va nous fournir l'occasion de justifier les paroles que Dumas prononçait à propos de la biographie d'Alfred de Musset, de montrer en même temps qu'en ramenant la statue du romancier à Villers-Cotterêts, nous allons peut être toucher au cœur un autre illustre poète, Victor Hugo. Nous trouverons aussi dans l'exposé de ce simple drame : *les Forestiers*, l'occasion de faire voir que ce génie si puissant d'Alexandre Dumas et que cette familiarité reconnue en lui par tout le monde et qui ne le diminuait qu'aux yeux des ignorants, aurait pu, si le siècle s'y fût prêté, faire de lui un grand homme sur une scène plus solide que celle du théâtre et lui faire rendre de plus grands services à son pays.

Cette représentation des *Forestiers*, donnée à Villers-Cotterêts, va nous servir de pivot pour ainsi dire, afin de faire miroiter toutes ces idées.

Comme les allouettes viennent autour des feux changeants du miroir attendre que le fusil du chasseur les atteigne et et les abatte, d'autres grands esprits vont venir rôder autour de cet humble livre que nous construisons et dont M. M*** est le véritable auteur, puisque c'est à lui que nous devons cette série de souvenirs personnels.

Ces esprits, si grands qu'ils soient, seront atteints, eux aussi, par le plomb divin, et, l'âme changée, reconnaîtront leurs erreurs et leurs fautes.

En voyant le grand romancier briller d'un éclat plus vif sous ces verts ombrages de la forêt natale, en le voyant resplendir de nouveau, non pas aux yeux de la France, mais aux yeux de l'Europe, tous trouveront justifié ce mot de M. Dumas fils : Permettez-moi de soigner mon père ; il a assez fait pour la France.

Oui, il a assez fait pour la France

et surtout après sa mort, il va servir de phare à tous ceux qui croient que lorsqu'on a de puissantes facultés comme Alexandre Dumas, il ne faut pas être un gladiateur frotté d huile cherchant des combats qui ne viennent pas au-devant de vous, gaspillant les trésors de l'esprit dans l'agitation factice.

Un jour, celui qui fixe ces souvenirs, eut l'audace d'écrire à MM. les ducs d'Aumale et de Broglie qu'il fallait cesser d'écrire au moins en signant son nom) et que c'était folie, quand on était gentilhomme, de tenir une plume au lieu d'une épée.

Emporté par l'amour du pays, nous avons eu cette audace et voilà qu'elle se justifie pleinement. Dumas n'écrit plus, son génie rayonne, et l'éclat de sa gloire posthume va frapper son compagnon de lutte de 1830. Victor Hugo, et peut-être le convertir et lui rendre la foi chrétienne.

Pour toutes ces grandes choses que faut-il? Rien, presque rien. Une forêt d'arbres verts, le souvenir d'un honnête homme qui a conservé le culte de Dumas, une statue élevée ailleurs que là où elle aurait dû l'être. La cause est petite, le résultat immense; il grandit à chaque instant, jusqu'au jour où nous irons chercher le maximum de son expression sur la tombe du grand écrivain. Puissent les pensées que son âme voltigeante viendra peut-être verser sur nous, à travers le parfum des fleurs, nous donner assez de force psur atteindre ce but grandiose, la conversion de M. Victor Hugo.

C'est dans la forêt de Villers-Cotterêts que va se dérouler le drame intitulé *Les Forestiers*. L'intrigue est simple ; un garde Guillaume Vatrin et son fils, ont un fils, Bernard, qui aime leur nièce Catherine. Celle ci est protestante et courtisée par un Parisien, Chollet. La jeune fille aime Bernard, qui de son côté l'aime autant. On va les marier, mais la mère Vatrin s'oppose au mariage. Catherine est protestante et hérétique par conséquent. Cela porte malheur, dit la vieille mère, de se marier avec un protestant. Elle s'entête, son mari se fâche et un traître, Mathieu, arrange si bien la situation que Bernard, croyant à un rendez vous entre Chollet et Catherine, veut tuer le parisien Il n'en a pas le courage, jette là son fusil que Mathieu, caché tout près de là, ramasse pour tirer sur le Parisien le tuer et avoir son or.

On est en pleine couleur locale C'est le carrefour du Prince qui est le lieu du rendez vous ; c'est aussi au saut du cerf, au trou de Dampleux, et à la ferme de Mentard ; c'est de la qu'on partira pour chasser le sanglier.

L'abbé Grégoire qui vient calmer les scrupules de la mère Vatrin, est ce même abbé qui a élevé Dumas. Il combat dignement et sensément les objections de la vieille femme qui ne veut pas être damnée, et l'on est damné quand l'on a commercé avec les hérétiques, a dit Mgr de Soissons.

Et puis c'est Clarisse Miroy, cette actrice de belle humeur, qui va remplir ce rôle jovial, sensé et bourru de Madame Vatrin.

Ecartons pour un moment toute préoccupation philosophique, nous serons en présence de la joie de toute une petite ville qui se sent vivre dans l'œuvre de son illustre enfant.

Aussi, quelle foule et qu'elle représentation ! On se dispute les places on se les arrache et tenir en main le ticket d'une place louée, n'est pas encore une sûreté.

M. M***, auquel Clarisse Miroy elle même a remis son coupon après l'avoir signé à titre de reçu du prix, trouve son fauteuil d'orchestre occupé par une autre personne.

Et si l'on peut juger de l'éclat d'une fête par l'écho qui en est resté dans le voisinage, on peut dire que jamais Villers-Cotterêts tout entier ne fût aussi enthousiaste. En effet les journaux de Soissons, parus à cette époque, (1865) nous redisent à l'envie quelle fût la joie des habitants de la ville natale du grand romancier en le voyant au milieu d'eux à la représentation de son drame.

Le désir de posséder Alexandre Dumas est manifesté d'une manière tout originale, par ce petit fait qui se passe à Soissons lors de la représentation des *Forestiers*, donnée la semaine suivante au théâtre de cette ville.

On attend Alexandre Dumas, et cette attente est telle, raconte le narrateur qu'un homme aux cheveux crépus entrant dans la salle fût applaudi et fêté aux lieu et place de Dumas. La foule reconnut bien vite son erreur, et, désappointée, faillit faire un mauvais parti au possesseur des cheveux, cause de tout le mal.

Combien plus vif encore devait être cet enthousiasme à Villers-Cotterêts. Là, Dumas était roi. Royauté de théâtre, si l'on veut, patriciat de comédie, soit ; mais nous disons, nous, royauté réelle et patriciat superbe, car à vingt années de de distance un nouvel horizon apparait derrière cette puissance théâtrale et il en jaillit pour la France des espoirs nouveaux.

Comment, nous dira-t-on? des espoirs nouveaux, mais que voyez-vous donc au delà de la statue d'Alexandre Dumas ramenée au pays natal placée sur un tertre vert et gardée par d'Artagnan ?

Ce que j'aperçois ? la France ! La France, qui comme le disait Dumas fils, devait tant à son romancier. A ce charmant et puissant conteur, elle a dû ses heures de loisir et de plaisir ; elle a dû de connaître les grands noms de son histoire. Jamais le venin n'a été distillé sous cette loyale et noble plume. Ce large et franc rire était bon avant tout et écartait les mauvais souffles comme les arbres de la forêt sous lesquels les mauvais airs, en se dissipant, se fixent, en ornement original, sous les feuilles embellies.

A cet écrivain fécond, notre pays a dû de ne pas tomber dans l'abîme que d'autres tendaient sous ses pas. Le grand conteur est mort au jour où la France glissait dans le gouffre ; aujourd'hui, c'est lui qui du fond de la tombe lui donne encore une main pour la relever. Et quel est l'instrument de salut : un simple drame qui n'eut jamais un bien grand retentissement : *Les Forestiers*.

Non seulement la France par le secours de son illustre écrivain, se soulève au dessus du gouffre, mais ce siècle lui-même trouve enfin le secret de sa guérison et le mot si charmant de M. Doudan est pleinement justifié.

Dumas accompagnait le duc de Montpensier lors des fêtes du mariage de ce dernier. On traitait l'écrivain en prince. M. Doudan disait alors finement dans une de ses lettres : On traite bien aujourd'hui les littérateurs ! Que sera ce lorsqu'ils sauront parfaitement lire et écrire comme il arrivera par suite du développement de l'instruction primaire.

Quelle plus juste critique! C'est dire

sous une autre forme ce que Dumas lui-même avait dit de la génération de 1830. Gladiateurs frottés d'huile que le combat a fui. On les traite en princes et ils ne peuvent être qu'hommes de lettres, quand ils auraient pu être des héros, et un esprit juste et qui sait mettre tout à sa place comme fait M. Doudan, s'en étonne à bon droit.

M. Renan a aussi exprimé la même pensée. La génération qui avait précédé ces hommes ne leur avait pas préparé leur part.

Le génie de Dumas était assez grand pour tout contenir Comme Lamartine, il était né pour tout et pouvait tout mais, l'homme n'est pas Dieu ; pour qu'il soit entraîné, il lui faut le vent qui souffle. L'esprit de Dieu se taisait. L'air était calme et limpide, l'horizon sans nuage ; l'homme était abandonné à lui-même et à ses rêves d'orgueil. Au lieu de se souvenir de la déchéance originelle, il se proclamait Dieu et Victor Hugo se laissait faire son apothéose.

Dumas avait trop de génie pour donner dans ces travers ; aussi se contente-t-il de vivre en homme supérieur. Il donna, il aima et se fit aimer. Il se

7

R.F.

prodigua, ne compta pas, ne travailla pas sur son talent naturel, mais son désordre était encore du génie. La règle n'était pas là, mais Dieu non plus, et, sans Dieu, il n'y a pas de règle.

Comme Titus, le célèbre romancier voulait avoir fait du bien chaque jour. Les parasites l'accablèrent. La politique ferma son champ devant sa loyauté ; la littérature lui laissa la bride sur le coup. Il fut roi dans ce domaine et presque roi véritable.

C'est que depuis bientôt cent ans les grands seigneurs et les gouvernants ont oublié que la familiarité et la vraie grandeur se tiennent. Habitués aux mœurs mercantiles de ce siècle, il ont fait fi de la représentation et ont dédaigné le cœur des humbles et des petits. Ils ont oublié qu'autrefois quand les jeunes filles apportaient des fleurs à leur châtelaine, aux jours de fête, il y avait sous le servage un amour réel et profond. Ces grands seigneurs ont laissé aux comédiens et aux rois littéraires, le soin de passionner les populations, et les populations étonnées se sont tournées vers l'endroit où elles voyaient un phare.

N'avons nous pas vu récemment au

théâtre une comédienne traitée en souveraine à son retour d'Amérique, par toute une population.

Cette renommée est celle qu'on peut ambitionner aujourd'hui. Dumas la chercha et l'obtint.

Le voilà à la représentation des *Forestiers* à Villers Cotterêts ; il est dans sa loge quasi-royale ; tout le monde est ému, tout le monde attend. Les personnages sont connus d'avance. Monsieur Vatrin, c'est un habitant de Villers-Cotterêts; Madame Vatrin, tout le monde à son nom sur le bout des lèvres ; seul l'épisode dramatique du crime avorté est une fiction.

Il est facile de se représenter l'émotion de cette salle doublée par l'idée que ces personnages sont une idéalisation d'une réalité palpable et tangible.

Dans les premiers actes de la pièce, l'action languit un peu, elle ne commence, suivant l'opinion du critique en vogue F. Sarcey que vers la fin du 4e acte. Mais pour les habitants de Villers-Cotterêts, tous ces détails charmants qui semblent pour d'autres être languissants, et qui remplissent les premier actes, devaient sembler pleins d'attraits

Nous nous imaginons volontiers combien la touchante scène de ménage entre M. et Mme Vatrin devait émouvoir ces spectateurs qui avaient sous les yeux le spectacle quotidien de ces querelles charmantes toujours bien terminées.

Quelle émotion devait s'emparer de toute cette salle en voyant entrer en scène l'abbé Grégoire, dont Dumas n'avait pas même changé le nom. Chacun le connaissait, l'aimait et le respectait dans cette petite ville ; il avait été directeur du collège et ceux qui assistaient à la représentation des *Forestiers* avaient été ses élèves. Quels sentiments de joie devait éveiller chez les spectateurs l'apparition dans la famille Vatrin, de cet homme excellent appelé à trancher, dans une pièce d'apparence peu importante, la plus tragique des situations de l'âme : le mariage d'un catholique avec une protestante.

« J'avais bien dit à ma sœur, répète Mme Vatrin, de ne pas se marier avec un protestant ; cela lui a porté malheur ; ses enfants ont été orphelins. »

Argument ridicule soit ! qui tombe devant le bon sens de l'abbé Grégoire, mais, au fond de l'entêtement obstiné de la vieille femme, on aperçoit une distinction profonde entre l'erreur et la vérité.

Que le lecteur nous permette d'ouvrir ici une parenthèse. Restons sur cette scène du troisième acte et supposons que nous attendions le quatrième. Pendant que la toile est baissée on peut faire ses réflexions.

Dans les articles où il note avec tant de soin, chaque passage de Dumas à Villers-Cotterêts, M. M... raconte que deux voyageurs sont venus s'agenouiller sur la tombe du grand romancier. Dans un style plaisant il dit comment on crut alors que c'était Hugo.

Nous laissons la parole à M. M...

« Il y a quelques jours, Villers-Cotterêts reçoit trois visiteurs. L'un deux est un vieillard au front olympien, à la barbe de neige ; les deux autres sont plus jeunes et gardent avec lui leurs distances.

Passe un adolescent portant un paquet au chemin de fer.

Le vieillard s'avance avec dignité, étend gravement la main vers l'apprenti qui s'arrête, et d'une voix solennelle :

— Oui, les extrêmes se touchent. Le

soir aime l'aurore, le passé-vieillesse appelle la jeunesse-avenir !

L'enfant avait ôté sa casquette et écoutait bouche béante.

L'homme continua :

— Ecoute. Le grain produit le germe. Le germe produit la plante. La plante produit la fleur La fleur produit le fruit. Le fruit c'est l'idée. L'idée humaine c'est le génie. Le génie couché attend le génie debout. Le frère-mort attend le frère-vivant. Il m'attend, — je viens.

La bouche de l'enfant était encore plus béante ; ses yeux s'écarquillaient ; il écoutait de toutes ses oreilles, mais comprenait de moins en moins.

L'interlocuteur continua encore longtemps comme cela avant de daigner se faire intelligible. Enfin, il finit par demander :

— Où est le champ où repose le génie ? où git l'homme fanfare ?

— Connais pas, M'sieu, répond le jeune homme, se disant en lui-même : — il est toqué, le vieux.

L'un des compagnons s'avança et demanda tout simplement... le cimetière !

— Le cimetière ! fait le gamin ; fallait

le dire tout de suite ! Vous n'avez qu'à suivre cette rue-là, c'est au bout.

Les trois voyageurs suivirent l'indication donnée. Ils entrèrent au cimetière et là, devant la tombe encore fraîche d'Alexandre Dumas, le vieillard, sans s'agenouiller, sans prier, se découvrit et dit quelques mots que l'écho seul entendit, mais qu'il ne nous a pas répétés.

Quel était ce vieillard ?...

Quels étaient ces hommes ?...

Le gamin qui les rencontra ayant sérieusement inquiété sa famille en lui répétant les phrases qu'il avait entendues — à ce point que son état mental fut mis un instant en question, — on est généralement convaincu que le vieillard olympien était LUI, c'est-à-dire Victor Hugo !!!

Les autres devaient être deux des « petits camarades », peut-être Meurice, peut-être Vacquerie, — et qui sait ? pourquoi pas Blum ?

Mais sur ce point l'homme-pathos n'a rien révélé à l'enfant-étonnement. »

Admettons que le fait rapporté eut été exact et que Hugo fut venu en effet s'agenouiller sur la tombe de Dumas.

Qu'as-tu fait ? lui aurait demandé du fond de sa tombe le grand romancier.

Hugo, quoique devenu modeste au fond de cette belle forêt impassible, aurait riposté :

— Mais toi qui m'interroge, qu'as tu donc fait pour oser me poser une telle question ?

— J'ai fait, répondrait le grand conteur, la scène entre Madame Vatrin et l'abbé Grégoire, et ce siècle tombé ainsi que la France y ont retrouvé leur auréole. Toi-même Hugo, tu voudrais l'avoir faite.

— Oui, je voudrais l'avoir faite, dirait simplement le poëte sublime.

Etrange dialogue et qui ne parait guère être dans la réalité des faits, car Victor Hugo ne pourrait jamais faire un tel aveu, et ses admirateurs s'y opposerait formellement.

Et pourtant. quand madame Vatrin s'entête, quand elle ne veut pas céder, quand l'idée de la séparation entre elle et son mari ne l'émeut pas et qu'elle résiste à l'abbé Grégoire, tout un monde nouveau a passé devant ses yeux. L'éternité est présente devant elle, et cette idée la soutient et lui donne la force à elle la vieille maman joviale d'être toujours elle-même. Notre siècle changeant suit toutes les pentes parce qu'il ne croit pas à l'éternité.

Ainsi cette vieille femme qui n'a ni la splendeur de Catherine de Clèves, ni la beauté de la reine Margot, ni la hardiesse d'Antony, va surgir de tout l'œuvre de Dumas.

Cette bonne vieille réjouie qui, dans un élan du cœur, laissera de côté son funeste entêtement, va montrer comment les luttes religieuses se terminent dans une effusion de tendresse sincère. Madame Vatrin n'abandonne ni sa croyance ni sa conviction, mais elle cède à l'amour de son mari

Chers amis aimez vous, murmurait l'apôtre Saint-Jean, mourant au sein d'une divine vieillesse, et ce mot de l'apôtre bien aimé devient l'acte de la bonne vieille madame Vatrin.

La lutte entre l'hérésie et la vraie croyance n'est pas longue. Dumas ne s'y est pas arrêté longtemps. L'abbé Grégoire lui même a passé sur ce détail ; ils ne se sont pas appesantis sur des arguties ; un malheur commun les a réunis.

Nous parlions tout-à-l'heure de la France qui nous apparaissait grandissant derrière le socle de la nouvelle statue d'Alexandre Dumas. Elle aussi, le malheur l'a frappée comme il avait atteint la famille Vatrin. La vieille femme à consenti à laisser marier l'hérétique et le vrai croyant et Dieu l'a récompensée en démasquant le traître Mathieu. L'entêtement de la vieille femme n'a pas été inutile et nul ne sera damné.

Sans en avoir conscience peut-être Dumas traçait à la France sa ligne de conduite Enlacer ensemble tous ses enfants et ne pas renoncer à sa traditionnelle croyance. Aussi, pouvons nous affirmer que pas une ligne de l'œuvre de Hugo ne sera si utile au pays que cette simple scène où rien n'est ni creusé, ni approfondi.

Dumas avait pressenti en faisant ce drame qu'il ne faut pas sonder les abîmes et qu'en matière de religion l'artiste ne doit qu'effleurer. Un jour peut-être le grand poète Hugo viendra s'agenouiller sur la tombe du célèbre romancier. Si la grâce divine a descendu dans son cœur, il avouera que tout ses ouvrages ne valent pas cette simple scène. Cet aveu ne retirera rien à l'ampleur de son génie, ni à son imagination grandiose, mais, à qu i bon le vaisseau gigantesque s'il ne peut porter le blé qui doit nourrir les matelots ?

Nous fermons ici cette parenthèse qui a pu paraître longue ; mais cette scène entre l'abbé Grégoire, Madame Vatrin et Guillaume, est au-dessus de tout ce que l'on peut imaginer. Elle peint le génie merveilleux du conteur qui ne veut pas noircir les ailes de la muse qui fuit en souriant devant lui : Certes, il n'a pas comblé l'abime béant ; mais comme Victor Hugo, il ne l'a pas agrandi en voulant y fouiller. Il a vu que son pays courait se jeter contre les écueils et il a conté, conté toujours comme pour endormir l'angoisse de ses contemporains

Après sa mort, la fleur qu'il a déposée sur le bord de l'abime est devenue un grand arbre. Que cet arbre en s'abaissant sur le gouffre serve de pont pour aller à la terre promise, c'est-à dire à l'union et à la concorde de tous les Français.

L'illustre poète dont nous parlions tout à l'heure, Hugo, viendra peut-être cette fois-ci respirer l'air qui se dégage de la tombe du romancier. Enivré, il voudra lui aussi avoir son jour d'ivresse et aspirer à un monde meilleur. Arrivé à la limite extrême de la vieillesse, ce n'est pas assez d'avoir vécu, il faut encore revivre.

Après ces réflexions que nous a inspirées le 3e acte du drame les *Forestiers*, nous allons continuer à assister à la représentation et laisser à M. M*** le soin de nous raconter comment Villers-Cotterêts tout entier acclamait ce soir là au théâtre l'illustre compatriote qu'il fêtait de son mieux.

« A huit heures moins quelque chose, la salle entière retentit d'une immense acclamation.

Alexandre Dumas entrait dans sa loge.

Toutes les mains battaient, toutes les bouches applaudissaient.

Dumas, se penchant hors de sa loge, remercia de la voix et du geste.

A peine assis, un bouquet tombait à ses pieds ; il le prit et remercia d'un sourire la main délicate qui l'avait lancé.

Bientôt les trois coups traditionnels se font entendre. La toile se lève.

Je ne vous raconterai pas cette pièce, scène par scène : Théophile Gauthier l'a fait d'une façon trop brillante, avec son style diamanté, pour que j'ose essayer après lui.

Je dirai seulement que la plupart des scènes sont saisissantes de vérité. C'est bien là le garde forestier chez lui ; ses mœurs intimes, ses habitudes, son ménage, son langage. Il est là pris sur le fait.

On sent que l'auteur, pour peindre si exactement ces mœurs spéciales, a vécu de cette vie ; on se croyait au milieu de la forêt, dans la maison d'un des gardes.

Plusieurs des successurs des héros de la pièce assistaient à la représentation : ils reconnaissaient tellement leurs anciens qu'ils en pleuraient.

Surtout en parlant de chasse, lorsque François, par exemple, raconte comment il suit une piste, d'abord celle du sanglier, ensuite celle du criminel, — on les voyait suivre ce récit non seulement avec intérêt, mais avec émotion.

Eux aussi, avant la location de la chasse en forêt, savait dépister, comme François ou Bernard, le ragot ou le solitaire ; eux, aussi, connaissaient l'âge de l'animal, son sexe et ses infirmités, à l'examen de ses pas.

Et tous les lieudits de la forêt, tous les cantons cités, qu'on pourrait suivre sur une carte. — Les Têtes Salmon, la Bruyère aux loups, la Fontaine du Prince, le Saut du Cerf, etc.

Et tous ceux que le poète a nommés dont les descendants existent encore ou que nous avons tous bien connus : — Berthelin, Moinat, Bobino, La Jeunesse, Bernard, — le respectable abbé Grégoire, — le père Sylvestre, et jusqu'à la mère Tellier.

Pour les habitants de Villers-Cotterêts, le drame n'était que secondaire, ce que l'on voyait, ce que l'on admirait surtout, c'était cette revue du passé ; c'étaient leurs ancêtres, leurs pères, leurs amis que les spectateurs revoyaient sur la scène ; c'était un retour à 1825 : c'était faire revivre ceux qui depuis 25 ou 40 ans reposent dans le sommeil éternel.

C'est bien en effet l'enthousiasme débordant ! Nul ne pressentait alors la grandeur de cette scène. On acclamait sans arrière pensée ; on était content sans préparation et sans anxiété Quel plus bel éloge de la simplicité.

Les lumières de la rampe vont s'éteindre, les derniers échos de cet enthousiasme vont mourir répercutés par la forêt verdoyante et l'on ne parlera plus de rien jusqu'à l'heure où la Providence en permettant qu'on élève une statue au grand homme, ira soulever la pierre de son tombeau pour tendre à ce siècle la seule planche de salut qui lui reste.

Dumas à Villers-Cotterêts, tel que nous venons de le voir, c'est certainement le patricien gravant son souvenir dans la mémoire des hommes et dont nous avons essayé d'indiquer l'influence sur son admiration.

Dieu n'a pas rendu un grand conteur à cette France meurtrie ; et la main de l'ennemi a labouré les flancs de la Patrie.

Il reste une espérance, et elle est toute entière dans cette scène de chaînons que nous avons essayé de forger entre le grand homme et son admirateur De l'humble pièce de Dumas, peut sortir la lumière, et la représentation de *Luciane de Montfort* peut éclairer d'un rayon nouveau nos jours si troublés. Du socle du nouveau piédestal du maître, un éclat de lumière peut aller toucher au cœur l'illustre contemporain du romancier, et l'abîme peut encore être comblé par le culte d'un simple et modeste admirateur.

Ce dernier chaînon est le plus beau et il montre bien que le patriciat intellectuel n'est pas un vain mot.

De plus, dans cette pièce des *Forestiers*, on retrouve justifiées toutes les qualités de Dumas, en même temps que les appréciations d'esprits délicats comme MM. Jules Janin et Doudan.

En effet Jules Janin a dit que Dumas ne connaissait pas toute l'étendue de son talent et qu'il était comme inconcient de la grandeur de son génie.

Ainsi, inconsciente d'elle même, l'imagination court comme le papillon de fleurs en fleurs ; elle respire tous les parfums, elle s'abreuve à toutes les sources, et quand on lui demande d'où lui vient ce charme enivrant, elle l'ignore Telle la blonde enfant court dans la campagne ; ignorante de sa beauté et ne sachant pas quel éclat ont ses beaux yeux. On la regarde, on l'admire, elle s'étonne et ne se sait pas si belle ; elle grandit en beauté et elle l'ignore encore.

Telle était l'imagination de Dumas.

Il faut ajouter encore que cette simple pièce des *Forestiers* fait disparaitre toutes les accusations de mercantisme littéraire qu'on a jetées à la face du grand conteur.

Nous allons, au nom de cette simple scène qui nous a fait faire tant de réflexions, présenter à l'Académie elle même ce nouvel immortel.

On n'a pas ménagé à Dumas les critiques amères. On l'a déchiré à belles dents, on a dit partout qu'il faisait faire ses ouvrages par ses collaborateurs Un charmant esprit a baptisé, en son honneur ou plutôt croyant faire honte au grand conteur, un livre de la rubrique suivante : « Un homme de rien » M. de Loménie comme tous les délicats, vivaient au bas de la montagne du monde, caché dans une grotte exquise, sorte de Capoue de l'intelligence, mais l'horizon enflammé n'aparaissait pas à sa vue et l'ombre de la France meurtrie et ayant perdu les fleurons de sa couronne, ne se projetait pas au loin devant lui sur les nuages en feu.

Aussi disait-il, comme tout le monde, qu'il était matériellement impossible à

Dumas de faire tous les ouvrages qu'il signait. C'est de la littérature industrielle, disait-on. Maison Dumas et Cie, fabrique de romans, ajoutaient les beaux railleurs. Oui, sans doute, mais nous allons montrer que ces critiques aujourd'hui se retournent contre ceux qui les ont lancées. Le plus bel éloge de Dumas c'est cette puissante activité qui faisait de son cerveau un haut fourneau, et de la littérature du fer en fusion.

Est-ce que Dumas voulait gagner de l'argent, thésauriser, s'enrichir ? mais non ; puisqu'il donnait toujours tout autour de lui et se trouvait souvent pauvre. Est-ce là le caractère d'un négociant ? Mais il voulait agir ; il voulait s'élancer en pleine action et, malgré lui, sentait toute l'inanité de ces pages légères que le vent de l'esprit emporte ou rapporte à son gré !

J'aimerais mieux une session tout entière bien menée que mon histoire du consulat faite et achevée, disait M. Thiers, et il pensait comme Dumas.

Ecrire sur le livre du temps c'est être le domestique du bon Dieu.

Un génie aussi ardent que celui de Dumas, une nature aussi bien douée qui avait transformé le dédain en familiarité devait voir qu'il n'avait rien fait alors qu'il n'avait qu'écrit. De là cette brassée de romans, cette poussée intellectuelle, ces dépenses folles.

Qui trop embrasse mal étreint, dit le vieux proverbe auquel Agrippa d'Aubigné, autre nature ardente, répond :

Oui, mais qui étreint trop peu n'a pas toute sa brassée.

Cette brassée de romans il la jetait à la tête de son peuple littéraire, ne pouvant lui donner une province et des milliards.

Qui donc l'entraînait à Naples, quand il frétait un vaisseau ? qui donc le faisait pleurer en présence de l'ingratitude du peuple napolitain ? C'était le goût de l'action, le besoin de dépenser ses forces et de verser à tous, les dons qu'il avait reçus de Dieu.

L'homme est un Dieu tombé qui se souvient des cieux, disait Lamartine

Combien plus encore ce vers est-il applicable à des natures ardentes comme celles d'Alexandre Dumas. Son père avait été général, son grand père gentilhomme, lui n'était qu'un grand littérateur, Aussi ne demanda-t il jamais aux membres de l'Académie française de l'admettre dans leur compagnie. M. de Lesseps n'a pas demandé au Sénat de le faire sénateur, en est-il moins grand pour cela.

Qu'on ne croit pas que nous voulions ici exalter les Académiciens du dehors au détriment de ceux du dedans. Nullement. Mais à l'heure où ils se contentent des délicatesses et des raffinements de l'esprit, à l'heure où tenant en main le sceptre du goût, ils accaparent les princes et les hommes d'Etat, il faudrait soulever les montagnes, car la société est ébranlée.

Il faut que le sang monte au cerveau des hommes d'Etat, il faut des fronts brûlants sous des idées ardentes, il faut non plus faire un livre et dire comme Horace :

Exegi monumentum perennis œre.

C'est sur l'airain lui-même qu'il faut écrire et la poi ite du burin doit être un fer rouge

Alexandre Dumas le sentait bien, lui qui n'osait sonder les abîmes et aimait mieux conter, conter toujours. Aussi l'Académie ne lui semblait elle pas une compagnie où il lui fût nécessaire d'entrer.

Aujourd'hui, devant l'indépendance libertine de la pensée, en présence de l'exagération du libre examen, c'est Dumas qui sort de sa tombe pour réparer le mal qu'ont fait ceux qui ne l'ont pas admis.

Oui, les savants et les délicats nous ont assez longtemps pris nos princes et nos hommes d'Etat. Ils les ont assez longtemps enfermé dans cette Capoue si charmante et si douce. Princes et hommes d'Etat s'y sont endormis et à l'heure où la tempête gronde, ils sortent tout effrayés, en montant sur le pont du navire, et leurs membres sont engourdis. Que sera ce, quand demain le navire enroulé dans le cyclone verra briser tous ses agrès?

Nous ne sommes pas suspect, nous admirons plus que personne l'illustre compagnie ; mais elle n'est pas la France, et, quand le pays est menacé dans son passé et dans son avenir, celui qui, à propos de la statue d'Alexandre Dumas, jette le cri d'alarme en faisant appel à des hommes comme MM. les ducs de Broglie et d'Aumale n'est pas un extravagant, surtout si lui-même ne craint pas d'offrir sa vie pour son pays.

Dumas (et c'est la récompense de sa large bonté) en regardant sous son masque de bronze ou de marbre couler les ruisseaux charmants de la forêt natale aura surgi de sa tombe pour jeter un cri d'avertissement aux illustres égarés de notre France.

C'est comme une sorte de Mané,Thécel, Pharès que l'érection du monument de Dumas à Villers-Cotterêts. Aussi faut-il ne pas se lasser d'admirer la puissance des souvenirs du cœur et du culte du souvenir. Cet admirateur discret qui a recueilli le rayon de génie, le garde précieusement après la mort du grand homme ; une occasion se présente, la Providence forme une chaîne nouvelle entre M. M*** et Alexandre Dumas, et voilà qu'à l'éclat du métal forgé la France étonnée, en voyant Victor Hugo se convertir, reprendra la route de l'avenir et du passé tout ensemble en rentrant dans le sillon de la tradition nationale.

Devant ce grand conteur de génie qui n'a jamais su que charmer ses contemporains, Hugo qui a versé tant d'acide au cœur des hommes de notre temps viendra faire abjuration de son œuvre. Il se rappellera les jours des combats de 1830, sa jeunesse, ses luttes et son cœur retrouvera sous la grâce divine les jouissances de la jeunesse.

On dit que le Maréchal Soult, à l'arrivée du cercueil de Napoléon 1er en 1840 se mit à pleurer à chaudes larmes. et M. Doudan qui rapporte le fait dans une de ses lettres, ajoute : « La tête appuyée sur le drap funéraire, il aura rêvé à la mort qu'ils avaient vue, l'un et l'autre, passer si souvent d'un pas rapide auprès d'eux. »

Eh bien ! Hugo, devant le monument élevé par les habitants de Villers-Cotterêts à son compagnon dans les luttes du romantisme, aura cette émotion si douce. Il se souviendra de la France de 1830

La France de 1884 est dans le deuil et sous l'oppression d'angoisses que ne diminuent pas les menaces à demi voilées d'un voisin habile, astucieux et dominateur.

Pour diminuer les craintes du pays, toute la science de l'Académie, tout l'art des savants, toute la pompe de Hugo, toute la grandeur des comédiens, produiront-ils des résultats semblables à ce culte d'un admirateur discret qui, en réclamant pour Villers-Cotterêts le buste de Dumas, peut toucher le cœur et l'esprit du grand poète et apaiser le courroux divin.

Ainsi après sa mort, Alexandre Dumas va régner en maître, en roi réel et son action ne sera plus une comédie comme tout ce qui touche au monde du théâtre, mais, une réalité bonne à inscrire aux livres de l'histoire et du temps.

Avant que d'aller sur sa tombe chercher la suprême inspiration pour atteindre le but que nous nous sommes proposés en fixant les souvenirs personnels de M. M***, nous allons établir brièvement le parallèle entre cette existence factice du monde théâtral et la société où il se meut.

Une anecdote que nous a racontée M. M*** nous en fournit l'occasion.

Avec un maître comme Alexandre Dumas, doué d'une pareille vitalité, animant tous les rôles et tous les personnages d'une vie aussi intense qu'admirable, il était naturel que tous les comédiens se disputassent le bonheur d'interpréter ses pièces.

Parmi eux était Jenneval, le rival de Frédérick Lemaître.

La vanité n'est pas le moindre défaut des comédiens ; mais, souvent au fond de ce sentiment puéril, il y a une naïveté candide qui montre que l'homme valait quelquefois mieux que l'acteur.

Jenneval avait du talent ; un talent incontestable et incontesté. Lorsqu'on est vaniteux ou orgueilleux, il arrive malheureusement que tant qu'on n'est pas le seul et unique, ça ne va jamais bien. Or, Jenneval ne pouvait pas étrangler Frédérick Lemaître pour le supplanter.

Le rival de Frédérick imagina autre chose. Quand on jouait une pièce de Dumas où Jenneval devait remplir un rôle, le nom de celui-ci était en védette au haut de l'affiche. L'acteur allait alors se poster devant le mur où était affiché le programme de la représentation et il disait alors de manière à être bien entendu et à grouper autour de lui une foule de badauds. C'est Jenneval ! le grand Jenneval qui va jouer, et le public stupéfait répétait, le grand Jenneval.

Que de naïveté et que d'audace ! Que dire d'un temps où les comédiens seuls ont le privilège d'enflammer les masses?

Dumas a senti bien souvent que sa royauté de théâtre était factice. Lui qui avait vu la nature de si près, qui lui avait emprunté sa joviale sérénité, savait mieux que personne où était la vérité de la vie.

On a beaucoup parlé des faiblesses du grand romancier, on l'a représenté en baby avec cette légende : il fera le désespoir de son fils. Cela ressemble aux reproches qu'on adresse à La Fontaine pour avoir fait ses contes.

C'était une déception, pas autre chose, qui a mené les hommes du XIXe siècle dans une voie fausse. Manquants de foi, ils n'ont pas soulevé la pierre du siècle et elle est lourdement retombée sur eux comme le rocher d'Encelade. Ils ont dû suivre les chemins vulgaires de la faiblesse humaine A qui la faute ? à leur siècle qui les avait amollis sous son souffle corrupteur.

Alexandre Dumas le sentait si bien qu'il s'est toujours arrêté toutes les fois qu il a vu que sa muse allait sombrer, engloutie par les vagues d'une mer trop haute Mieux vaut pour lui qu'il ait connue Miss Adda Menken que d'avoir terni le cœur de ses contemporains. Aussi, dans les *Forestiers*, s'arrêtera-t-il juste à la limite que la situation comporte. Avec Isaac Laquedem il s'arrête encore au bord de l'abîme. Ce n'est pas parce que les moyens matériels lui font défaut qu'il s'arrête, c'est parce qu'il entrevoit une terre nouvelle, un sable mouvant où son génie s'engloutirait.

Cet essai sur le juif errant montre bien en effet quelle était la prudence de Dumas. Dans ce roman il semble que le romancier se soit souvenu plus que jamais de l'ampleur de sa forêt natale et de sa luxuriante végétation. Ces massifs touffus, ces arbres, qui mêlent et enchevêtrent leur feuillage dentelé formant un grand et naturel spectacle, sont comparables à l'histoire universelle que Dumas faisait traverser par le Juif que Jésus avait maudit.

Puis tout à coup le romancier s'arrêta, il laissa l'œuvre inachevée, comme il avait laissé sans le terminer *le pasteur d'Ashbourn*.

Michel-Ange aussi, ce génie si vaste, laissa bien des œuvres inachevées, mais, la terre n'est pas le seul endroit où peuvent se mouvoir ces âmes gigantesques ; elles ont l'éternité. Sur terre ce que l'un ne finit pas, l'autre l'achève

Et quasi cursores vitæ lampada tradunt, dit Lucrèce.

Quelquefois c'est un timide admirateur qui au jour fixé par la Providence continue l'œuvre du maître.

Cette chaîne que nous avons vue se former entre le maître et le disciple, va se terminer par le plus brillant des anneaux Tout ce que le maître n'a pu faire va s'accomplir sous les yeux de cette statue que Villers-Cotterêts lui élévera.

Roi de théâtre pendant sa vie, Alexandre Dumas sera roi de la pensée après sa mort, et devant ces savants qui le dédaignèrent, peut-être sans le vouloir, le brillant romancier prendra devant la postérité, quoique sur une cime moins élevée, la place que M Doudan aura devant son siècle.

Emporté par son génie grandiose, le romancier voulut montrer dans le Juif errant quelle malédiction pèse sur le peuple juif et voilà qu'aujourd'hui les scènes sanglantes qui se font jour en Hongrie et en Russie, vont rappeler la grandeur du sujet qu'il avait abordé.

Une juive aussi chez nous a tenu une place extraordinaire par son mérite, sa finesse et son habileté. En voyant une statue d'Alexandre Dumas s'élever à Villers-Cotterêts, il se peut que cette femme, qui est sculpteur, se souvienne que Dumas a fait Isaac Laquedem. Peut être aussi se souviendra-t-elle qu'elle est l'interprète principale de M. Victor Hugo, et qu'elle peut contribuer à ramener l'octogénaire dans la voie droite qu'elle retrouvera elle-même.

Quelle continuation plus belle de l'œuvre du maître que ce drame nouveau de la vie réelle non plus joué sur une scène, mais vécu pour ainsi dire dans la ville qui a vu naître le grand romancier. Dumas ne sera plus le roi du théâtre il ne sera plus le gladiateur frotté d'huile que le combat a fui, il serait le fort enfant de la montagne et des bois, rapportant à son siècle le pur arome des hautes couches de l'éther.

Autour de ce conteur patricien, jovial

et bon enfant, une auréole de grandeur va se former tout à coup. En face de tous les lettrés de son pays il sera comme M. Doudan, une leçon suivante, un enseignement destiné à être conservé pour toujours.

Déjà il est plus qu'un écrivain et qu'un artiste, puisqu'il a pu laisser dans le cœur d'un de ses compatriotes, ces touchants souvenirs et ces anecdotes charmantes.

Il est patricien, puisqu'il a suffi de son intervention pour faire entrer ainsi que le rappelait récemment un journal, le fils de Villaume au conservatoire.

Il est un homme d'action, puisque après sa mort, au seul bruit de son nom le murmure de la forêt rapporte les échos du temps passé et les espérances de l'avenir et que son contemporain si illustre M. Hugo, songe peut être à voir la juive continuer l'œuvre d'Isaac Laquedem.

Il agit encore par delà le tombeau et c'est en allant sur sa tombe que, terminant le récit de ces souvenirs, nous pourrons mesurer la distance qu'il y a entre ce qu'il a cru être et ce qu'il était réellement. Nous pourrons en même temps présenter cette petite ville qui l'a vu naître comme le lieu d'expiation que la Providence toujours respectueuse de la liberté humaine, a laissé les Français se préparer à eux-mêmes.

VII.

Nous allions clore cette série de souvenirs personnels en rappelant quels efforts avait fait M. M***, le disciple de Dumas, pour que la dépouille mortelle du grand romancier fût ramenée à Villers-Cotterêts, quand l'idée nous vint de visiter le cimetière de Villers-Cotterêts.

Jamais heureuse inspiration n'est venue si à propos, et si nous avons pu assister à un spectacle unique qu'il a plu à la Providence de mettre sous nos yeux, c'est à cet heureux élan du cœur provoqué par l'admirateur discret d'Alexandre Dumas que nous le devons.

Pour la première fois nous entrions dans cette petite nécropole et nous pensions trouver là quelques commentaires des articles pleins d'élan que M. M*** écrivit lors de la mort du grand écrivain. Nous venions de lire dans une revue que cette manière de commenter Dumas ne plaisait pas à tout le monde ; on trouvait étonnant qu'il eût ses scoliastes et ses annotateurs.

Que dirait le rédacteur du correspondant s'il avait vu le cimetière de Villers-Cotterêts blanchi par la neige ?

Cette petite nécropole présente presque l'aspect d'un carré parfait La forêt l'entoure, la ville la touche Rien de lugubre, même quand les tombes sont dissimulées sous le blanc manteau. Voici la tombe de Dumas, me dit le gardien que je rencontre devant la grille qui entoure ce jardin d'un mort. Trois pins magnifiques l'ombragent ; trois pierres entourées de verdure complètent cette symétrie. La neige recouvre les inscriptions. Voulez-vous que je vous fasse voir les noms, me dit le garde. Non, lui ai-je répondu, je n'ai pas besoin de les lire. La neige avait raison, les inscriptions doivent être cachées et dans cet après-midi, c'est le ciel qui avait révélé son secret à la terre. La neige a effacé en le couvrant le nom de Dumas. Le grand romancier n'est pas mort, il est encore de ce monde ; il est parmi nous ; l'inscription qui recouvre son tombeau est inutile et c'est avec raison que la neige l'a cachée.

Monsieur Dumas fils s'est plaint un jour que son père l'avait, dès son adolescence, jeté en pleine mer du monde, semblable au maître nageur qui, pour vous apprendre à nager, vous lance au fond de la rivière. A cette heure, ce père qu'il accusait sort vivant de son tombeau, va le prendre par la main et lui dire : Moi, j'ai cru et j'ai été chrétien. Toi, tu ne crois pas. Je viens sauver ton âme et avec la tienne celle de mon compagnon de lutte, de Victor Hugo.

Il semble en voyant cette tombe, qu'il y manque quelque chose. La tombe de Demoustier porte avec elle son cachet funéraire, celle de M. Deviolaine est empreinte de cette beauté froide que laisse un souvenir puissant, celle de l'abbé Grégoire, est nue comme la sim ple demeure d'un prêtre, celle d'Alexandre Dumas, avec ses trois grands plateaux de pierre, semble attendre quelqu'un.

Que M. Victor Hugo qui est poète, vienne voir ce séjour poétique d'un mort vivant, qu'il se souvienne de cette tombe étrange, d'un anglais qui fit creuser son tombeau dans l'anfractuosité d'un rocher du cap d'Antibes, afin d'entendre toujours les joyeux promeneurs qui visitent cette roche escarpée, et il nous dira que la tombe d'Alexandre Dumas n'est pas encore fermée. Les deux athlètes de 1830 doivent mourir ensemble à la même heure, au même jour, et voilà pourquoi la tombe de Dumas ressemble au bosquet joyeux, qui attend un convive aimé et pourquoi la neige a voilé les inscriptions.

Dumas vit encore ; son joyeux rire est répété par les échos de la forêt ; il appelle, il attend le grand poète, et, quand devant cette tombe, nous nous sommes agenouillés, c'était par habitude du culte des morts ; il ne semblait pas qu'il y eut là une âme en peine à consoler.

Si M. Dumas fils veut nous en croire, maintenant que la neige est fondue, il fera poser sur l'inscription une plaque de marbre blanc et on ne l'enlèvera que le jour où l'illustre poète reviendra dans la tombe qu'il aura choisie creusée auprès de celle du grand conteur. M Hugo sera toujours en famille ; le père de Dumas était général, celui de M. Hugo l'était aussi : c'étaient des frères d'armes, l'un ou l'autre, qu'importe ! si Hugo doit dormir son dernier sommeil à Villers-Cotterêts, ce sera auprès d'un soldat et d'une honnête et sainte femme.

Ces réflexions singulières prennent une force nouvelle quand on envisage l'existence de Dumas à Villers-Cotterêts. Nous avons vu dans la même rue, baptisée aujourd'hui : rue Alexandre Dumas, la demeure du romancier ; là, le culte du grand homme s'est perpétué sans flatterie et sans complaisance pour les faiblesses du grand écrivain. Aussi cette chaîne, cet assemblage d'anneaux que nous avons construits entre le dramaturge et son imitateur se solidifient de plus en plus à mesure que nous arrivons à l'extrémité du but. Evoqué par ces souvenirs, Dumas revit tout entier.

Nous ne parlerons pas des obsèques du maître, du séjour des Prussiens à Villers-Cotterêts ; quand son corps fût rapporté sous les ombrages de la forêt. Dumas est vivant, il appelle son illustre ami Hugo, il veut toucher son cœur et lui faire goûter les joies célestes. Lui, le grand conteur qui se déclare si franchement chrétien dans la lettre suivante :

Monsieur le Curé,

Si, parmi les écrivains modernes, il est un homme qui a défendu le spiritualisme, proclamé l'âme immortelle, exalté la religion chrétienne, vous me rendrez la justice de dire que c'est moi. Aujourd'hui, je viens me proposer comme candidat à l'Assemblée nationale J'y demanderai le respect pour toutes les choses saintes, et, parmi les *choses saintes*, la religion a toujours été mise par moi au premier rang. Je crois qu'un peuple qui saura allier la liberté et la religion sera le premier des peuples. Je crois que nous serons ce peuple-là. C'est dans le désir de contribuer autant qu'il est en moi à cette œuvre sociale que je viens vous demander, non-seulement votre voix, mais encore les voix que la haute confiance inspirée par votre caractère peut mettre à votre disposition.

Je vous salue avec l'amour d'un frère et l'humilité d'un chrétien.

ALEXANDRE DUMAS.

Puisque Dumas vit encore et qu'il parle à ses contemporains, nous voulons le glorifier jusque dans ses faiblesses et montrer que la croyance catholique a empêché qu'elles ne ternissent les rayons de génie qui éclairaient le disciple attentif. On a parlé à propos du grand romancier, des prodigalités folles, des photographies d'Ada Menken. Mais ne sont-ce pas là des caprices de patricien ? Napoléon 1er, ne disait-il pas quand on lui reprochait d'avoir invité une grande actrice à venir le voir : Je ne suis pas un homme comme les autres ! En effet la déchéance originelle atteint tous les hommes et si l'on est un grand génie on tombe de plus haut, à moins que, sur l'aile de la prière, on ne monte dans la sphère sublime où se meuvent les saints. Ni Dumas, ni Napoléon 1er, n'étaient des saints. Cependant cette croyance catholique empêchait les disciples de Dumas de suivre cette voie extraordinaire des faiblesses justifiées ; n'est-ce pas là un argument puissant pour des hommes comme Dumas et Victor Hugo.

Cette puissance de la foi, nous allons la retrouver dans le parallèle qu'il nous reste a établir pour former un dernier anneau et dans le rôle même que Villers-Cotterêts va être appelé à jouer.

La maison où est né Dumas, a l'apparence d'une maison de grand seigneur, La porte d'entrée est presque aussi haute que le corps de bâtiment lui-même. Des panneaux lambrissés décorent la façade de la porte Une plaque de marbre placée à gauche de la porte indique que Dumas est né dans cette maison.

C'est près de là, que sortira pour Dumas une gloire nouvelle, c'est de ce sanctuaire de la famille auprès duquel Dumas a passé, que surgira un foyer intense et le désir de ramener la statue du maître à Villers-Cotterêts.

De ce désir légitime, découleront peut-être les conséquences les plus heureuses. L'illustre contemporain du romancier, Victor Hugo, sera touché en face de ce culte discret qu'entretient la foi, son cœur sera touché !

L'analogie est la même entre cette puissante forêt que Dumas a parcourue et où il s'est élevé tout seul, et les travaux modestes de son admirateur.

Cette forêt, il faut l'avoir traversée

pendant la nuit pour en comprendre le langage. Ces arbres, que des taillis épais enserrent et qui ont l'air de jaillir des fourrés, comme autant de maîtres dominateurs vous disent tout ce qu'il y a de sève puissante et désordonnée dans cette nature verdoyante. Puis quand le jour vient éclairer le feuillage ; les feuilles dentelées et légères vous parlent du charme et de l'art profond avec lesquels la nature sait dissimuler ses plus puissantes constructions.

A Dumas, la forêt a donné sa sève et sa puissante et luxuriante végétation. A l'admirateur et au disciple, elle a donné le culte du maître. Ainsi entre deux, il y a tout un monde de souvenirs. Ils sont pour la plupart, destinés à aller droit au cœur du plus illustre survivant de la génération de 1830 et du fils du grand romancier. Ils sont éclos à Villers-Cotterêts, et nous souhaitons qu'ils arrivent à leur adresse sans trouver sur leur route la corruption de ce siècle qui avilit tout.

Ce que nous allons ajouter avant de parler de Villers-Cotterêts comme lieu d'expiation, est un argument en faveur du retour à la foi simple et naïve.

Le contraste est frappant entre la sérénité simple des habitants de Villers-Cotterêts qui, sans mener l'existence agitée du grand romancier, sans comprendre cette existence faite de hauts et de bas, savent résumer tout en un seul mot : Dumas, disent-ils, donnait beaucoup quand il était riche et quelquefois, souvent même quand il n'avait plus rien.

C'est le côté faible du grand romancier et les habitants de Villers-Cotterêts, habitués de bonne heure à l'ordre et à l'économie d'une existence bien réglée, s'étonnaient de voir ce grand génie lancé au milieu d'un pareil désordre : Cela n'altère pas pour eux la vive sympathie qu'ils ressentent pour le génie supérieur, mais ils semblent voir là une ombre sur la figure joviale du grand écrivain.

Pour nous, en écoutant les récits qu'on nous faisait au retour du cimetière de Villers Cotterêts ; nous suivions les étapes que Dumas enfant avait parcourues. C'était d'abord la maison que nous avons montrée au lecteur, puis le château des Fossés à Haramont où le père du romancier le général Dumas, s'installe et vit largement. L'argent s'épuise, on revient à Villers-Cotterêts loger sur la place. Le général meurt, sa veuve dans la gêne, n'a pour ressource qu'un bureau de tabac, mais son fils est riche de son imagination, et jusqu'à vingt ans, il en a vécu. Il a passé par l'opulence et la misère aussi peu ému dans les deux situations et révélant par là son véritable tempérament de patricien.

Il vivait par l'intelligence, et dans ce domaine il était roi. Ce royaume là, personne ne pouvait le détruire et il savait bien que l'imagination est toujours un refuge assuré contre la misère. La vie qu'il avait menée depuis son enfance jusqu'à vingt ans l'avait préparé à subir ces alternatives de grandeur et de décadence. Peut-être aussi était il dans les desseins de la Providence que Dumas n'achevât pas pendant sa vie le dessein complet de ce patriciat dont il n'avait que commencé l'ébauche.

Après sa mort en effet, dans cette forêt de Villers-Cotterêts qui l'a élevé, il va parler aux hommes de sa génération, et si sa vie a été parsemée de faiblesses et manque d'unité, c'est qu'il était réservé à ce patricien de l'intelligence de compléter après sa mort l'œuvre commencée.

Que manque t-il en effet à Dumas pour être un roi réel, un gouvernant sérieux, un patricien influent dans le gouvernement des hommes ? D'avoir travaillé son propre génie. Cette paresse lui a été commune avec tout ses illustres contemporains. Ni Lamartine, ni Musset, ni Hugo, n'ont travaillé les dons de la nature qu'ils avaient reçus en partage. Sentant en eux une source vive, ils l'ont laissé couler et avec l'onde claire s'est mêlée la vase. Ils n'ont jamais lutté contre leurs propres passions, ils n'ont jamais eu le sentiment de la déchéance originelle.

Dumas a fait comme eux ; il s'est laissé vivre et n'a travaillé qu'extérieurement. Il était à vingt ans ce qu'il était à sa mort ; un romancier de génie. L'âge lui a donné des forces, mais ne l'a ni corrigé ni amendé !

Eh bien ! après sa mort, si nous le voyons faible malgré le grand œuvre qu'il a mené à bien, c'est qu'il doit nous servir d'exemple et que rachetant ses faiblesses il montre à tous le chemin de l'expiation. Ce grand homme est encore vivant ; et ce jardin du cimetière n'est pas une tombe. Les souvenirs de la famille de son admirateur et le livre intitulé : *Histoire de Villers-Cotterêts*, va nous servir à montrer combien est fécond le culte du souvenir, de même que les lignes précédentes montrent combien est puissante la foi simple et naïve.

A Villers-Cotterêts, Dumas va montrer aux hommes de notre temps le chemin de l'expiation. Dans cette petite ville, au milieu des souvenirs du passé, les poètes comme Victor Hugo viendront chercher le secret d'un bonheur après lequel ils ont toujours aspiré, qu'ils ont cru souvent trouver, mais qui a fui de leurs mains toujours. Ils se rappelleront leurs conceptions grandioses, et ce dégoût du triomphe qui atteint l'esprit et qui faisait dire à Blaze de Bury, après avoir rencontré Auber, le lendemain d'un succès d'opéra : « L'air triste qu'il (Auber) avait ne me donnait nullement envie d'être un musicien acclamé. »

Victor Hugo viendra apprendre, en face de ce culte d'un ami pour la mémoire du maître, que la gloire et la pompe ne suffisent pas au cœur. En retraçant à grands traits ce qu'a été Villers-Cotterêts, en faisant vivre de nouveau Dumas sous ces poétiques ombrages, nous dirons assez ce qu'elle sera dans l'avenir.

Pour ne pas donner à nos affirmations un caractère de présomption, qu'on pourrait facilement leur attribuer, nous allons puiser dans l'histoire de Villers-Cotterêts et nous y trouverons amplement la justification de ce que nous avançons.

Il en est des villes comme des hommes, elles ont leur destinée, leurs époques de croissance et de décadence. Atomes lancés dans l'univers, elles gravitent autour des hommes suivant les orbites que le monde leur fait décrire et changent perpétuéllement La plupart sont vouées à l'obscurité et l'on n'entend parler d'elles que dans le champ étroit sur lequel leur clocher étend son ombre.

Villers-Cotterêts n'est pas de celles-là ! Comme Paris, Saint-Cloud et Chantilly, Compiègne ou Saint-Denis, elle a sa destinée et les rois de France en laissant sur leur passage des traces de leur grandeur y on fixé pour jamais les empreintes de la royauté.

Dure et rude charge, car à l'heure où les rois sont tombés, où la couronne de France est roulée par le torrent des révolutions, il semble que cette petite ville ait été chargée de montrer le chemin du port de délivrance.

François Ier, Henri II, les Valois, Henri IV, le Régent, Louis XV, se sont donné rendez-vous sous les ombrages de cette belle forêt et, quand les rois ont fait défaut, un roi de lettres a surgi enfant du pays ; c'est Alexandre Dumas ! Et c'est par lui que reprenant le chemin des splendeurs, la petite ville va retrouver la pompe d'autrefois.

Pour trouver la grandeur perdue, il faut expier. Pour effacer les traces de la débauche et des fautes de ceux qui ont passé par là, il faut boire au calice d'amertume et suivre la voie royale de la croix.

Oui, ce chemin du sacrifice est bien la voie royale et, en élevant la statue d'Alexandre Dumas, en montrant aux égarés de notre siècle, princes et lettrés, Victor Hugo converti, c'est commencer à racheter le passé.

S'il faut une preuve de cette affirmation nous allons la trouver dans l'espèce de deux petits faits qui se sont passé à des époques bien différentes et semblent n'avoir rien de commun avec notre sujet. L'un, c'est l'aventure arrivée à un habitant de Villers-Cotterêts lors de l'inauguration de la statue du grand romancier à Paris, l'autre, c'est la légende charmante de l'abbé Baudoin.

On sait que la ville natale de Dumas envoya une députation pour assister à l'inauguration du monument élevé à son illustre enfant. Le maire de la ville avait préparé un discours, mais, il ne put le prononcer tant était grande l'abondance des orateurs. De plus, la députation s'attarda un peu en route et arrivée devant la statue, voilà qu'il n'y avait plus de place sur l'estrade pour les habitants de Villers-Cotterêts. Un jeune homme qui faisait partie de cette délégation du pays natal ne se tint pas pour battu, il pénétra quand même, se fit une place et la garda.

Nous nous permettrons de voir là, non-seulement une manifestation justifiée de l'orgueil que la naissance de

Dumas inspire aux habitants de Villers-Cotterêts, mais encore un symbole prophétique. Paris voit peu à peu se ternir sa belle auréole sous les nuages qu'amoncèlent entre ses murs l'ignorance et l'impiété. Que Villers-Cotterêts fasse comme ce jeune homme, qu'elle fasse sa place et qu'elle la garde en devenant aussi immortelle que Dumas.

L'autre légende nous l'extrayons du livre : l'*Histoire de Villers-Cotterêts.*

« Un ecclésiastique nommé Baudouin, ancien recteur de l'université de Paris, allant de Saint-Quentin à Dijon, prit sa route par Verberie ; il était suivi d'un valet. Le lendemain de son arrivée, il partit et s'engagea sur le soir dans la forêt de Villers-Cotterêts, où il s'égara. La nuit qui le surprit était fort obscure. Comme il ne lui restait aucun moyen de se reconnaître, il ordonna à son valet de monter sur un arbre, afin d'examiner s'il ne découvrirait pas dans le lointain quelque lumière qui fût la marque d'un lieu habité. Le valet obéit : arrivé au haut de l'arbre, il aperçut dans l'éloignement une lumière ; il s'orienta avec beaucoup de soin et descendit. Il était à pied et son maître à cheval. S'étant formé une ligne de direction, il fendit avec beaucoup de résolution les broussailles et le mort-bois, pour se faire une route jusqu'au terme où il espérait arriver.

« Après des fatigues inouïes, nos voyageurs aperçurent, à travers les ténèbres, un vaste corps-de-logis qui avait l'air d'un château. Ils heurtèrent à la porte ; un moine parut en habit blanc ; ils lui demandèrent l'hospitalité avec la soumission et avec les ménagemens de gens excédés de lassitude, qui craignent les suites d'un refus. Le religieux leur dit qu'il allait à ce sujet prendre les ordres d'un père abbé, et referma la porte. Un instant après, l'abbé parut en personne. Il reçut Baudouin avec beaucoup de politesse, lui prit la main et le conduisit dans une vaste salle à manger. La salle était remplie de moines blancs, qui allaient commencer leur repas. L'abbé plaça Baudouin à l'endroit le plus honorable, et lui fit servir des rafraîchissements abondants. On lui présenta pour boire une coupe de vermeil enrichie de diamans. Le voyageur remplit de vin le cratère ; mais avant de commencer son repas, il jeta les yeux sur l'assemblée, et s'aperçut que les moines se mettaient à manger sans s'acquitter des devoirs de religion dont il est rare que les laïcs se dispensent. Baudouin ne les imita point : il prit sa coupe d'une main, et de l'autre il fit le signe de la croix. Cette pieuse précaution termina la scène : la salle avec tout ce qu'elle contenait, l'abbé, les moines, les tables, le service et même le vaste corps-de-logis du couvent, tout disparut. Baudouin se trouva dans les ronces, tenant sa coupe à la main ; on ne marque pas si le vin fut répandu. Le valet et le cheval se retrouvèrent heureusement. Baudouin se retira des ronces et des buissons, et attendit dans un lieu moins incommode le retour du jour pour continuer sa route. Il conserva le vase avec un grand soin, et comme il était d'un travail exquis et enrichi de pierreries, il le vendit une grande somme d'argent, qu'il partagea entre deux communautés religieuses, l'une de Saint-Quentin, l'autre de Dijon. »

Et depuis ce temps, on répète à chaque voyageur étranger :

« Malheur à ceux que la nuit surpren-
« dra dans la forêt de Villers-Cotterêts. »

Lb 4 ...

Et nous nous dirons à la suite de cette histoire : Tous ceux qui sont venus à Villers-Cotterêts, princes, comtes ou ducs, François Ier ou Henri II, Henri IV ou Louis XV, ont porté le poids de cette sorte de malédiction. Aujourd'hui, un grand homme sort de sa tombe et revient visiter la forêt natale. Les maudits s'enfuient devant cette large et franche physionomie. La ville s'étend et devient grande cité, couchée aux pieds de ses verts ombrages de la forêt et les habitants disputent aux Parisiens la palme de la gloire. Si le vieux Baudouin revenait, il dirait en changeant de langage : Heureux ceux que la nuit surprend dans la forêt de Villers-Cotterêts, car le démon vaincu ne peut plus les tenter.

BIBLIOTHÈQUE NATIONALE R.F. IMPRIMÉS

FIN.

DÉSACIDIFIÉ A SABLÉ
EN : 7 - OCT. 1991

Soissons. — Imp. A. Michaux.

www.ingramcontent.com/pod-product-compliance
Ingram Content Group UK Ltd.
Pitfield, Milton Keynes, MK11 3LW, UK
UKHW021055200726
13857UKWH00003B/938